E DISSE DEUS...

Os sete dias da Criação à luz do Espiritismo

ANGELA A. G MOURA

E DISSE DEUS...
Os sete dias da Criação à luz do Espiritismo
Copyright © 2020 por Angela A. G. Moura
Revisão: Raquel Giovanini de Moura
Capa: Eldes Saullo
ISBN: 9786500065695
Selo editorial: Câmara Brasileira do Livro
1.ª edição: 2020

Moura, Angela A. G.
E disse Deus: os sete dias da criação à luz do
espiritismo / Angela A. G. Moura.
1 Ediçao 2020.
ISBN 978-65-00-06569-5
1. Criação - Espiritismo 2. Doutrina espírita 3. Espiritismo
I. Título.
 20-40451   CDD-133.901

Sumário

Mensagem Fraterna

Meu irmão: Tuas preces mais singelas
São ouvidas no espaço ilimitado,
Mas sei que às vezes choras, consternado,
Ao silêncio da força que interpelas.

Volve ao teu templo interno abandonado,
— À mais alta de todas as capelas —
E as respostas mais lúcidas e belas
Hão de trazer-te alegre e deslumbrado.

Ouve o teu coração em cada prece.
Deus responde em ti mesmo e te esclarece
Com a força eterna da consolação;

Compreenderás a dor que te domina,
Sob a linguagem pura e peregrina
Da voz de Deus, em luz de redenção.

Auta de Souza[1].

INTRODUÇÃO

Palavra de origem grega, a Bíblia é composta por um conjunto de livros escritos por diversos autores em períodos distintos, apresentando, em razão dessa característica, vários estilos literários, como a poesia, a narrativa dramática, histórica, descritiva e outros.

Considerada como um grande clássico da literatura mundial, a Bíblia constitui patrimônio espiritual do povo hebreu, contendo registros que revelam sua identidade cultural, histórica e religiosa, permeados por temas que dizem respeito aos grandes enigmas da origem da vida, da Terra, do Espírito, do homem e de suas relações com Deus.

Os hebreus imprimiram nas palavras do Antigo Testamento toda sua sabedoria e seus conhecimentos, desde os mais simples ao mais espiritual e profundo, os quais desafiam o pensamento e o raciocínio comum, exigindo do estudioso prévio conhecimento de símbolos, metáforas e parábolas, para penetrar nos segredos de seu conteúdo.

Os textos bíblicos, em sua maioria, estão revestidos de símbolos, aparentemente enigmáticos, não sendo possível extrair de sua literalidade, tomando-os apenas superficialmente, o esplendor e a glória que ocultam[2].

No entanto, com as luzes que o Espiritismo projeta sobre as Sagradas Escrituras, a compreensão desses textos flui com prazerosa facilidade, porque os ensinamentos dos Espíritos constituem a "chave indispensável" para a apreensão dos sentidos ocultos dos antigos textos sagrados. É que coube ao Espiritismo, a Terceira Revelação[3], a sublime tarefa da Verdade. "E no centro das três revelações encontra-se Jesus Cristo, como o fundamento de toda a luz e de toda a sabedoria"[4].

O objetivo desse estudo cinge-se ao relato da Criação do mundo, temática de abertura do livro Gênesis, o primeiro da Bíblia, buscando sua compreensão por meio da Doutrina Espírita e do Evangelho de Jesus.

O relato bíblico da Criação revela-se uma literatura poética e divinamente inspirada, um cântico do povo hebreu sobre a existência de um só Deus, transcendente, criador de todas as coisas. Era uma resposta a outras crenças e culturas da época, que cultuavam estátuas e animais como representação da divindade, e apresentavam versão mitológica para o surgimento do mundo e para os problemas que sempre afligiram o pensamento humano, como a origem de todas as coisas.

No século XIX, o Livro dos Espíritos[5] retoma a questão da criação do mundo com uma linguagem filosófica e científica para esclarecer, na resposta formulada à primeira pergunta do livro, que Deus é a inteligência suprema, causa primária de todas as coisas.

Assim, a Terceira Revelação, consubstanciada na Doutrina Espírita, mantém coesão com o conteúdo do livro Gênesis, não somente no que tange ao Deus único, mas, também, a respeito da coparticipação dos seres humanos na obra da Criação, conforme Gn 1, 28.

O Livro dos Espíritos, na questão 132, faz essa referência quando aborda os objetivos da reencarnação, acentuando que a encarnação tem, também, a finalidade de preparar o Espírito para assumir a sua parte na obra da Criação.

O poema bíblico da Criação reúne expressões ocultas sob os véus dos símbolos, os quais, levantados pelas luzes do Espiritismo, revelam conteúdos espirituais capazes de despertar no homem as verdadeiras noções do seu dever para com os semelhantes e para com Deus[6].

Este livro não pretende expor uma discussão exaustiva das questões que aborda. Pelo contrário, preocupa-se apenas em apresentar uma proposta de compreensão do sentido místico e do significado oculto dos textos que descrevem o relato bíblico da

Criação, conforme as verdades reveladas pela Doutrina Espírita. Acredita-se, assim, que essa proposta faculte ao leitor uma ferramenta a mais em favor do seu processo de transformação íntima. Afinal, os textos sagrados não são um código moral a ser observado e cegamente obedecido, mas um enunciado das leis divinas a ser conhecido e introjetado.

CAPÍTULO 1

O livro Gênesis exibe uma visão mística da origem das coisas, expressada por meio de palavras acessíveis à mente infantil e inspiradoras à inteligência adulta, claras o bastante para subsistir em eras primitivas e profundas o suficiente para desafiar culturas desenvolvidas[7].

Gênesis é o primeiro dos cinco livros que formam o pentateuco. Os hebreus se referem a esses livros, recebidos por Moisés, como Torá. A palavra Torá, em hebraico, significa "instrução", e corresponde à totalidade dos ensinamentos que Deus transmitiu à humanidade por intermédio de Moisés.

A Torá escrita é composta pelos cinco primeiros livros da Bíblia: Gênesis, Êxodo, Levítico, Números e Deuteronômio. Além da Torá escrita, a tradição judaica considera a Torá oral, preservada no Talmude e nos Midrashim, como parte essencial da Torá escrita, porquanto reúnem ensinamentos dos sábios do judaísmo sobre a compreensão e interpretação dos textos escritos[8].

Segundo os mestres do judaísmo, em cada pronunciamento bíblico, há muitas verdades possíveis, cada uma delas adicionando sua melodia única à magnífica sinfonia do conjunto, sintetizando não uma dissonância conflituosa, mas uma sagrada dialética[9].

As palavras da Torá podem ser comparadas com "um martelo que despedaça a rocha." E o Talmude comenta: "Tal qual a rocha que se parte em muitos fragmentos sob o golpe do martelo, assim cada palavra do Santíssimo, bendito seja, foi dividida em setenta expressões que apresenta uma multiplicidade de significados e interpretações"[10].

Assim como a rocha se despedaça sob o golpe do martelo, diz o

Talmude que "um versículo das Escrituras Sagradas pode admitir muitos significados". Portanto, o Midrash diz, simplesmente, que "A Torá tem setenta aspectos."[11]

Seguindo essa proposta, o Rabino Shlomo Riskin, no livro Luzes da Torá, ensina que o texto bíblico permite diferentes interpretações que podem ser extraídas mediante o emprego de uma técnica de interpretação chamada PaRDes, cujo significado é jardim, pomar.

A palavra PaRDes é formada pela reunião das primeiras letras das palavras Peshat, Remez, Derash e Sod, que representam níveis de interpretação da Torá. Assim, o primeiro nível de interpretação, Peshat, procura o significado literal do texto; Remez, busca o significado simbólico; Derash, a explicação rabínica; e Sod, o significado oculto, o sentido místico do texto.

Por isso, o Midrash[12] diz que a Torá tem setenta faces, simbolizando as infinitas formas de ler e interpretar os textos sagrados, pois "um texto apresenta diferentes níveis de leitura e aspectos distintos quanto ao seu significado"[13].

O propósito deste livro é exatamente buscar nesses diferentes níveis de leitura o significado espiritual dos textos reunidos no relato da Criação, os quais falam à alma humana; não trazem apenas relatos referentes a história do povo de Israel, mas fornecem uma chave de leitura teológica para interpretar a história e a trajetória espiritual humana.

E, em se tratando de evolução humana, os textos sagrados também se dirigem aos problemas da alma e às questões do mundo íntimo, dada a sua característica multifacetária, com profundidades e níveis de significado insuspeitos.

As infinitas possibilidades de interpretação dos textos bíblicos acolhem a proposta deste livro: conhecer os conteúdos do relato da Criação pela perspectiva Espírita. Ademais, a temática tecida nos versículos que descrevem a Criação permeia toda a Bíblia, especialmente o Novo Testamento. O entendimento preciso dos textos dos evangelhos, das cartas de Paulo e do Apocalipse, exige o prévio conhecimento dos conteúdos retidos no relato da Criação. Muitos desses símbolos somente podem ser decifrados pelo Espiritismo, chave que faltava para a sua correta interpretação.

A origem de todas as coisas está narrada nos dois primeiros capítulos do livro Gênesis, destacando-se que seu processo seguiu um método, um padrão ritmado: anúncio, ordem, separação, informação, nomeação, avaliação e um quadro cronológico[14].

De acordo com a narrativa, Deus criou todas as coisas em seis dias, separando o sétimo dia para abençoar toda a Sua obra. O padrão ritmado está presente em todo conjunto de versículos, com ênfase na palavra de Deus quando algo é criado: "E disse Deus":

> [1]No princípio, Deus criou o céu e a terra. [2]Ora, a terra estava vazia e vaga, as trevas cobriam o abismo, e um vento de Deus pairava sobre as águas. [3]E disse Deus: Haja luz e houve luz.

Após o anúncio, a narrativa prossegue de forma padronizada, apresentando a ordem, a separação, a informação, a nomeação, a avaliação e, por fim, um quadro cronológico.

> [3]E disse Deus (anúncio): Haja luz(ordem); e houve luz (informação). [4]Deus viu que a luz era boa (avaliação) e Deus separou a luz e as trevas (separação). [5]Deus chamou à luz dia; e às trevas noite (nomeação). Houve uma tarde e uma manhã: o primeiro dia (quadro cronológico).
>
> [6]E disse Deus (anúncio): Faça-se um firmamento entre as águas (ordem), e haja separação entre águas, separando uma das outras (separação). [7]E Deus fez o firmamento (informação). Separou as águas debaixo do firmamento, das águas acima do firmamento. E assim se fez. [8]Ao firmamento Deus chamou céu (nomeação). Houve uma tarde e uma manhã: o segundo dia. (quadro cronológico).

E, assim, todos os versículos que descrevem os seis dias da criação seguem esse padrão ritmado. Deus transforma o caos em cosmo por intermédio de sua palavra, o que evidencia a Sua transcendência, porque Ele não faz parte da criação, mas preexiste a tudo.

Ao preferir a expressão "E disse Deus", quando poderia usar a expressão "Deus criou", o autor demonstra que basta a vontade de Deus para que algo se realize no Universo. E, no texto, a vontade divina é externada pela palavra, pelo verbo dizer.

A propósito, existem vários textos, tanto no Antigo Testamento quanto no Novo Testamento, destacando a palavra de Deus para transmitir a ideia de que Sua palavra simboliza algo muito além do que uma simples emissão sonora.

Vejamo:

> E veio a mim a palavra de Deus, dizendo Filho do homem, dirige o teu rosto para os montes de Israel, e profetiza contra eles. Ezequiel 6, 1 e 2.

> E veio a **palavra** do *SENHOR* segunda vez a Jonas, dizendo... Jonas 3, 1.

> Enviou a sua **palavra**, e os sarou; e os livrou da sua destruição. Salmos 107, 20.

O Evangelho de João[15] inicia-se com referência ao Verbo, que, em grego (idioma do Novo Testamento), é *logos*, cujo significado é palavra.

> No princípio era o Verbo, e o Verbo estava com Deus, e o Verbo era Deus.

> E o Verbo se fez carne, e habitou entre nós, e vimos a sua glória, como a glória do unigênito do Pai, cheio de graça e de verdade.

O autor de Gênesis, ao descrever que "Deus disse", "Haja" ou "Faça", está evidenciando a emissão de uma ordem, o que pressupõe a existência de seus executores, embora os destinatários dessa ordem não figurem nos textos.

Todavia, o codificador da Doutrina Espírita, Allan Kardec, questionou os Espíritos a respeito da criação do Universo[16], os quais, servindo-se de uma expressão usual, responderam-lhe que Deus criou o Universo pela Sua vontade. Nada revela melhor essa vontade Todo-poderosa do que estas belas palavras de Gênesis:

> "E Deus disse: Que se faça a luz. E a luz se fez".

André Luiz[17], no capítulo primeiro do livro Evolução em Dois Mundos[18], revela que a Criação do mundo "contou com a colaboração de Espíritos que estão em comunhão indescritível com Deus".

Segundo o autor, a essa classe de Espíritos puros cabe a responsabilidade de executar a vontade divina.

> Essas Inteligências gloriosas tomam uma substância elementar primitiva, o plasma divino, para criar habitações cósmicas, de múltiplas expressões, radiantes ou obscuras, gaseificadas ou sólidas, obedecendo a leis predeterminadas, quais moradias que perduram por milênios e milênios, mas que se desgastam e se transformam, por fim, uma vez que o Espírito criado pode formar ou co-criar, mas só Deus é o Criador de Toda a Eternidade"[19].

O Livro dos Espíritos[20], na questão 562, revela que os Espíritos que chegaram à ordem mais elevada estão incumbidos de cumprir as determinações divinas:

> 562 a Qual a natureza de suas ocupações? – Receber diretamente as ordens de Deus, transmiti-las em todo o universo e velar pela sua execução.

A Revista Espírita - Jornal de estudos psicológicos, edição de fevereiro de 1868, página 76, publicou a mensagem do Espírito Lacordaire[21], o qual expõe sobre os Espíritos que chegaram ao mais alto grau da hierarquia celeste, depois de terem atingido uma perfeição que os torna infalíveis, mesmo quando encarnados. Esses Espíritos recebem diretamente a palavra de Deus a qual ficam encarregados de transmitir e fazer cumprir.[22]

> Ao lado de Deus estão numerosos Espíritos chegados ao topo da escala dos Espíritos puros, que mereceram ser iniciados em seus desígnios, para dirigirem a sua execução. Deus escolheu dentre eles seus enviados superiores, encarregados de missões especiais. Podeis chamá-los Cristos: é a mesma escola;

são as mesmas ideias modificadas conforme os tempos.

Ainda, na mesma Revista, página 78, a mensagem assinada por um pseudônimo, pondera que os Messias, admitidos nos conselhos do Altíssimo, são verdadeiros representantes da Divindade, da qual têm o pensamento. É entre eles que Deus escolhe seus enviados especiais para as grandes missões gerais, cujos detalhes de execução são confiados a outros Espíritos encarnados ou desencarnados, agindo por suas ordens e sob sua inspiração.[23]

O quarto livro do Pentateuco Kardequiano, O Céu e O Inferno[24], reúne esclarecimentos a respeito dos Messias, Espíritos que evoluíram ao longo dos milênios, os quais ocupam a mais alta hierarquia espiritual, conhecem os segredos de Deus e inspiram-se no Seu pensamento, de que são os representantes diretos. A eles estão reservadas as missões especiais, dentre as quais se destaca a tarefa de presidir a formação dos mundos.

No próprio livro Gênesis, constata-se essa verdade (Gn 1, 26), quando o narrador emprega o verbo **fazer** na primeira pessoa do plural: **Façamos o homem à nossa imagem e semelhança.**

A frase no plural evidencia a compreensão do autor bíblico, àquela época recuada, de que Deus não opera sozinho.

Os Espíritos da ordem dos Cristos, que estão em comunhão indescritível com Deus – **Eu e o Pai somos um**[25] - são os executores da vontade divina, dando cumprimento a uma lei universal, que rege todas as coisas do Universo.

No entanto, somente Deus cria os Espíritos. Estes, por sua vez, são cocriadores em plano maior e em plano menor, pois podem atuar no fluido cósmico universal de acordo com seu estado evolutivo.

> [1]No princípio criou Deus os céus e a terra. [2]E a terra era sem forma e vazia; e [havia] trevas sobre a face do abismo; e um vento de Deus se movia sobre a face das águas; [3]E disse Deus: Haja luz; e houve luz. [4]E viu Deus que a luz [era] boa; e separou Deus a luz da treva. [5]E chamou Deus à luz Dia, e à treva Ele chamou Noite; e foi tarde e foi manhã, o dia primeiro.

A abordagem dos conteúdos reunidos nos versículos que descrevem o primeiro dia da Criação, devem ser examinados em três blocos porque trazem três grandes temas: a água mencionada no texto sem prévia informação sobre sua origem; a criação de uma luz antes da criação do sol e a separação da luz da treva.

Os três primeiros versículos correspondem ao primeiro bloco e estão relacionados com a água mencionada na narrativa, sem que sua origem fosse informada. Ora, se a Terra estava vazia e sem forma, quando Deus criou o Céu e a Terra, como compreender o movimento de Deus sobre a face das águas, se esse elemento ainda não houvera sido criado?

O texto semita tem peculiaridades que é preciso conhecer de antemão. A técnica empregada na narrativa hebraica é diferente da técnica linear adotada na narrativa ocidental, podendo levar o leitor a estranhar o texto bíblico.

Ademais, a linguagem do relato da Criação é uma linguagem poética que se utiliza de vários meios e recursos para criar. O paralelismo, por exemplo, é uma técnica de narrativa que posiciona as expressões ao lado umas das outras, como se fossem linhas paralelas ou estruturas espelhadas. Toda a narrativa da Criação observa essa técnica espelhada, que pode ser reproduzida da seguinte forma:

1º dia: Luz, dia e noite	4 º dia: Sol, Lua, estrelas
2º dia: separação das águas acima e abaixo do céu	5º dia: seres aquáticos e aves do céu
3º dia: terra e vegetação	6º dia: seres da terra e o homem

Observa-se, pelo quadro, que o primeiro dia está refletido no quarto dia, o segundo no quinto dia, e o terceiro no sexto dia, permitindo ao leitor, por meio de idas e vindas do texto, perceber detalhes que não são ditos diretamente.

Outra característica da poesia semita é o "movimento perpétuo" que repete as palavras várias vezes dando a ideia de uma espiral[26]. Na narrativa espiralada, o narrador constrói a história com crescente detalhe e movimento.

Esse movimento "pode ser para fora, aumentado cada vez mais, espalhando cada vez mais a mesma verdade para uma área mais ampla e abrangendo um território maior. Pode mover-se para dentro, penetrando de modo cada vez mais profundo nos mesmos temas, enquanto se expande em seus pensamentos"[27].

É por isso que o narrador, no primeiro versículo, faz menção à criação do céu e da terra, mas somente no terceiro dia, nos versículos seis a oito, vai descrever como eles foram criados.

O assunto "céu e terra" é introduzido no primeiro versículo e, em movimento espiral, o autor vai pontuando o texto, para retomar o conteúdo mais adiante, nos versículos seis a oito, dando-lhe maior dimensão.

A menção da água no versículo primeiro, sem prévia referência à sua origem, deu-se em razão da técnica narrativa empregada. Todavia, como a Torá tem setenta faces, a ausência de informação sobre a origem da água é também um indicativo claro de que o autor não está se referindo ao elemento água, propriamente considerado, mas utilizando-se de uma expressão simbólica para levar o leitor ao entendimento de que algo (e não o elemento água) preexistia à criação da terra e do céu.

Portanto, não houve esquecimento do autor bíblico ao se

referir à água antes de fazer menção à sua origem, mas um propósito transcendental, que a Doutrina Espírita nos permite alcançar, dado que o Espiritismo é a chave com o auxílio da qual tudo se explica com facilidade[28].

ELEMENTOS GERAIS DO UNIVERSO

A Revelação Espírita lançou luzes sobre a narrativa de Gênesis ao esclarecer que são três os elementos gerais do Universo: matéria e Espírito, e, acima de tudo, Deus, o Criador, o Pai de todas as coisas[29].

Deus, Espírito e matéria constituem, portanto, o princípio de tudo o que existe, a trindade universal. Mas - lembram os imortais - ao elemento material é preciso juntar o fluido universal, que desempenha o papel de intermediário entre o Espírito e a matéria propriamente dita, que é por demais grosseira para que o espírito possa exercer ação sobre ela.

O termo fluido cósmico universal foi cunhado pelo Espiritismo, sendo conceituado como o elemento material portador de propriedades especiais e do qual tudo se origina, conforme resposta à questão 27, do Livro dos Espíritos.

Esse fluido universal, primitivo, ou elementar, sendo o agente que o Espírito utiliza, é o princípio sem o qual a matéria estaria em perpétuo estado de dispersão e nunca adquiriria as propriedades que a força da gravidade lhe dá.

A água, inserida no texto do segundo versículo, refere-se, sem dúvida, ao fluido cósmico universal. O propósito do narrador bíblico foi transmitir a ideia de que algo preexistia à criação do céu e da terra, e, por isso, serviu-se do elemento água. Ele não poderia se expressar de outra forma às mentalidades reduzidas de seu tempo, razão pela qual tomou o elemento água, por ser o mais sutil à época conhecido, para apontar verdades que somente mais tarde, com a evolução do pensamento humano, poderiam ser absorvidas.

A expressão "água" foi usada pelo autor de Gênesis para definir o mesmo elemento que o Espiritismo denominou de fluido cósmico universal, e que a ciência atual chama de Campo de Higgs.

A relação da água, simbolicamente considerada, com o fluido cósmico universal foi mencionada por Humberto de Campos[30], no livro Boa Nova[31], capítulo 19, quando descreve um diálogo entre Jesus e João, tendo o Mestre acentuado que a água é o símbolo mais perfeito da essência de Deus, que tanto está nos céus como na terra.

Em A Gênese, cap. XIV, item 2, Kardec trata do fluido cósmico e o descreve como o elemento primordial, matéria elementar primitiva, cujas modificações e transformações constituem a inumerável variedade dos corpos da Natureza.

> Como princípio elementar do Universo, ela apresenta dois estados distintos: o de eterização ou imponderabilidade, que se pode considerar como o estado primitivo, e o de materialização ou de ponderabilidade, que vem a ser, de alguma forma, sua consequência. O ponto intermédio é o da transformação do fluido em matéria tangível. Mas, ainda aí, não existe transição brusca, pois pode-se considerar nossos fluidos imponderáveis como um ponto intermediário[32].

Os Instrutores da Codificação revelam na questão 36, do Livro dos Espíritos, que não existe vazio absoluto em alguma parte do espaço universal, pois tudo é ocupado por uma matéria que escapa aos nossos sentidos e instrumentos.

No entanto, atualmente, essa matéria que preenche o espaço foi identificada pela astronomia e nominada como matéria escura. É a ciência comprovando as verdades reveladas pela Doutrina Espírita há 150 anos.

Essas reflexões facilitam a compreensão da metodologia utilizada pelo autor de Gênesis, ao utilizar, com frequência, o verbo SEPARAR. Deus separa as águas, a luz da escuridão, representando, assim, a ação divina de individuação do fluido cósmico universal para a criação do mundo material.

O fluido cósmico é também abordado por André Luiz, no livro Evolução em Dois Mundos[33], sendo esclarecido que esse elemento corresponde ao "plasma divino, hausto do Criador, força nervosa do Todo-Sábio. Nesse elemento primordial, vibram e vivem constelações e sóis, mundos e seres, como peixes no oceano"[34].

Sabe-se que **plasma** é considerado o quarto estado da matéria, além dos outros três estados, sólido, líquido e gasoso, incomum de se obter na superfície do planeta, e que constitui 99% de tudo o que existe no Universo. André Luiz se referia, portanto, a um estado sutilíssimo da matéria do qual o Universo é composto.

O conceito de **hausto** está no dicionário comum, cujo significado é aspiração. Assim, ao definir fluido cósmico como **hausto do Criador**, André Luiz projeta a ideia de que o fluido cósmico é a respiração divina, ambiente onde tudo vive e se movimenta na natureza.

O emprego da expressão **força nervosa**, para designar o conceito de fluido cósmico, objetivou traçar uma analogia com a estrutura nervosa que conecta todas partes do corpo físico, permitindo ao cérebro, por meio da circulação de impulsos elétricos, captar tudo o que acontece em qualquer extremidade do corpo.

O objetivo foi esclarecer que o fluido cósmico, assim como uma rede neural, conecta todas as criaturas ao Criador, permitindo a Deus ter conhecimento de tudo o que acontece com qualquer um de seus filhos, em qualquer lugar do Universo infinito.

O entendimento do fluido cósmico universal torna compreensível a frase de Paulo quando afirmou aos atenienses "que em Deus vivemos, nos movemos e existimos" (Atos dos Apóstolos 17, 28).

Ainda, no que se refere à água, o segundo versículo descreve que um vento de Deus pairava sobre a face das águas. Algumas traduções preferem o termo "espírito", o que não está errado, pois a palavra *veruach* ou *ruach* empregada no texto original em hebraico, também é utilizada para designar espírito[35], embora o significado do termo seja vento, hálito, sopro.

A enciclopédia livre, Wikipédia, conceitua vento como o fluxo de gases em grande escala. Na superfície da Terra, o vento consiste no movimento de ar em grande quantidade.

O narrador bíblico utiliza-se dessa analogia para descrever que o movimento de Deus sobre as águas fez com que tudo fosse criado. A imagem é perfeita, sobretudo se for considerado que esse movimento divino estimulava uma espécie de matéria cósmica[36].

Sendo a água a imagem utilizada pelo narrador para vestir a ideia de fluido cósmico universal, o movimento de Deus sobre esse fluido dá origem a tudo que existe, segundo descreve o texto bíblico.

A Doutrina Espírita, mantendo-se coesa com o texto bíblico, revela que o fluido cósmico universal, manipulado pelas Inteligências Divinas, é o elemento que dá origem a tudo que existe no Universo, mundos corpóreos e incorpóreos. Segundo as revelações contidas nas questões 27 e 33, do Livro dos Espíritos, o fluido cósmico é passível de infinitas modificações. O perispírito e o fluido vital, que animam os corpos orgânicos, são também derivações do fluido cósmico universal.

HAJA LUZ

³Deus disse: Haja luz e houve luz.

O segundo tema apresentado nos versículos que descrevem o primeiro dia da Criação relaciona-se ao surgimento de uma luz.

O versículo terceiro descreve a criação de uma luz, sem que houvesse qualquer referência ao Sol, que foi criado somente no quarto dia, deixando evidente que essa luz não se trata de uma luz solar.

Analisando o assunto, Russell Norman Champlin[37], no primeiro volume da sua coleção de comentários ao Antigo Testamento, afirma que a luz mencionada no versículo não era a luz solar, "mas uma perfeita representação do pensamento de Deus, um reflexo da essência de Seu ser, porquanto Deus é luz."

Sendo essa luz representação do pensamento divino, o texto nos remete a Jesus, a luz do mundo, a quem Deus conferiu a governança da Terra, conforme revela Emmanuel[38], no livro A Caminho da Luz[39].

Segundo o benfeitor espiritual, existe uma comunidade de Espíritos puros responsáveis pela direção de todas as coletividades planetárias, sendo Jesus um dos membros divinos dessa plêiade. O Mestre já se reuniu por duas vezes nas proximidades da Terra, no curso dos milênios conhecidos, para a solução de problemas decisivos da organização e da direção do nosso planeta.

> A primeira, verificou-se quando o orbe terrestre se desprendia da nebulosa solar, a fim de que se lançassem, no tempo e no espaço, as balizas do nosso sistema cosmogônico e os pródromos da vida na matéria em ignição, do planeta, e a segunda, quando se decidia a vinda do Senhor à face da Terra, trazendo à família humana a lição imortal do seu Evangelho de amor e redenção.

São várias as referências, nos evangelhos, conectando Jesus à luz, conforme apontado:

> No princípio era o Verbo, e o Verbo estava com Deus, e o Verbo era Deus. Ele estava no princípio com Deus. Todas as coisas foram feitas por ele, e sem ele nada do que foi feito se fez. Nele estava a vida, e a vida era a luz dos homens. E a **luz** resplandece nas trevas, e as trevas não a compreenderam. João 1, 1-5.

> E a condenação é esta: Que a **luz** veio ao mundo, e os homens amaram mais as trevas do que a **luz**, porque as suas obras eram más. João 3, 19.

> Falou-lhes, pois, Jesus outra vez, dizendo: **Eu sou a luz do mundo**; quem me segue não andará em trevas, mas terá a luz da vida. João 8, 12.

> Disse-lhes, pois, Jesus: A **luz** ainda está convosco por um pouco de tempo. João 12, 35.

> O povo que jazia nas trevas viu uma grande **luz**, e aos que estavam detidos na região e sombra da morte, a luz raiou. Matheus 4, 16.

A Revelação Espírita e os textos dos apóstolos afirmam que Jesus é a luz do mundo, numa referência direta a Gn 1, 3, porquanto as Três Revelações - Moisés, Jesus e Espiritismo - estão em constante diálogo.

O autor de Gênesis, ao entoar o cântico sublime da Criação, está dizendo que Deus, ao iniciar a obra monumental da criação do mundo, convocou – **Haja Luz** - os seus auxiliadores diretos, os Cristos, para a tarefa de cocriação em plano maior. E a luz se fez presente na individualidade incomparável do Mestre Jesus.

Nesse sentido, Eusébio de Cesárea, considerado um dos pais da história da Igreja Cristã, porque nos seus escritos estão os primeiros relatos da história do cristianismo primitivo, escreve em sua obra, História Eclesiástica, que o "Criador e artífice do Universo cedeu a Cristo, e a ninguém senão à sua divina e primogênita palavra, a formação de todas as coisas subordinadas, e comungou com Ele a respeito da criação do homem." [40]

A SEPARAÇÃO DA LUZ E DAS TREVAS

> [4]Deus viu que a luz era boa, **e separou Deus a luz da treva.** [5]E chamou Deus à luz Dia, e à treva Ele chamou Noite; e foi tarde e foi manhã, o dia primeiro.

O terceiro tema tratado pelo texto que descreve o primeiro dia da Criação está relacionado com a separação da luz da treva e sua ligação com o dia e com a noite.

Antes de fazer referência à separação da luz da treva, o texto descreve a criação de uma luz. No entanto, essa luz não é a luz solar, porquanto os luminares - Sol e a Lua – repita-se, somente foram criados no quarto dia. Assim, não havendo sentido algum pensar na luz física, enquanto irradiação solar, sem que o Sol fosse criado, resta claro que o espírito da letra é outro.

Evidente que o autor não está deitando seu olhar para o mundo material, mas para o mundo espiritual, para a intimidade do Espírito imortal. Agora, a luz não aponta mais para Jesus, porque o Messias não tem qualquer relação com as trevas. Por isso, ao descrever que a luz é separada da treva, o autor está delineando um quadro espiritual, sem dúvida.

O arranjo literal de Gn 1, 4 somente pode ser compreendido sob o prisma da evolução humana, porque o autor bíblico está falando da alma humana e não do planeta físico. E, nesse ponto, o Espiritismo revela que o Espírito é criado simples e ignorante[41], adquirindo consciência de si à medida que evolui[42].

A aquisição da consciência faculta ao espírito desenvolver o livre arbítrio, conforme respostas às questões 122, do Livro dos Espíritos[43]:

> 122 Como é que os Espíritos, em sua origem, quando ainda não têm consciência de si mesmos, podem ter a liberdade de escolha entre o bem e o mal? Há neles algum princípio,

> alguma tendência que os leve para um ou outro caminho?
>
> – O livre-arbítrio se desenvolve à medida que o Espírito adquire a consciência de si mesmo. Não haveria mais liberdade se a escolha fosse determinada ou imposta por uma causa independente da vontade do Espírito. A causa não está nele, e sim fora, nas influências a que cede em virtude de sua livre vontade. É essa a grande figura da queda do homem e do pecado original: uns cederam, outros resistiram à tentação.

O livre arbítrio corresponde à liberdade para fazer escolhas, sendo, portanto, uma ferramenta à disposição do Espírito, cujo desenvolvimento e amplitude estão diretamente relacionados à evolução da consciência.

Nesse contexto, a separação da luz e das trevas está apontando para o clímax do processo evolutivo, que se dá com a aquisição da consciência de si, atributo exclusivamente do Espírito, que se desenvolve durante sua trajetória evolutiva.

A questão 607, do Livro dos Espíritos, revela que o Espírito, *antes de adquirir consciência*, ensaia para a vida numa série de existências anteriores ao período que chamamos *humanidade*.

> É, de algum modo, um trabalho preparatório, como a germinação, em que o princípio inteligente sofre uma transformação e torna-se Espírito. É então que começa o período da humanização e com ela a consciência de seu futuro, a distinção entre o bem e o mal e a responsabilidade de seus atos.

André Luiz[44], por sua vez, revela que a aquisição da consciência é resultado de inúmeras experiências vividas pela criatura ao longo de sua jornada evolutiva.

...desde o obscuro momento da Criação, caminha sem detença para a frente. Afastou-se do leito oceânico, atingiu a superfície das águas protetoras, moveu-se em direção à lama das margens, debateu-se no charco, chegou à terra firme, experimentou na floresta copioso material de formas representativas, ergueu-se do solo, contemplou os céus e, depois de longos milênios, durante os quais aprendeu a procriar, alimentar-se, escolher, lembrar e sentir, **conquistou a inteligência**.

Viajou do simples impulso para a irritabilidade; da irritabilidade para a sensação; da sensação para o instinto; **do instinto para a razão**. Nessa penosa romagem, inúmeros milênios decorreram sobre nós. Estamos, em todas as épocas, abandonando esferas inferiores, a fim de escalar as superiores. O cérebro é o órgão sagrado de manifestação da mente, em trânsito da animalidade primitiva para a espiritualidade humana"[45].

Compreende-se, assim, que o princípio inteligente vivencia milhares de experiências durante sua trajetória evolutiva, sem as luzes da consciência de si. Nesse ponto, pode-se afirmar que a expressão **separar a luz da treva**, sob o ponto de vista da evolução do Espírito, está relacionada ao momento grandioso em que o princípio inteligente, depois de percorrer milênios nas mais variadas faixas evolutivas, sofre uma transformação e se torna Espírito, adquirindo a consciência de si. A partir de então, o Espírito adentra as faixas da humanização e passa a distinguir o bem e o mal. Nesse ponto do processo evolutivo, o livre arbítrio lhe é confiado, ampliando-se à medida que o ser evolui. As responsabilidades pelos seus atos e escolhas começam a repercutir em seu psiquismo. É a fase da razão. A luz foi separada da treva da ignorância e o bem e o mal passam a ser conhecidos pelo Espírito.

No último versículo da narrativa do primeiro dia da Criação, o narrador descreve essa dualidade arquetípica – bem e mal - que marca a condição inicial do Espírito, quando adquire a consciência de si.

O versículo descreve que a luz, separada da treva, foi chamada de dia, e a treva foi chamada de noite. Trata-se de um aspecto interessante e solicita exame cuidadoso do leitor, uma vez que dia e noite somente podem existir com a presença da luz solar. Essa é uma lei natural e divina, portanto, imutável.

Uma das formas mais seguras de compreensão dos textos bíblicos, conforme sugerem os manuais de interpretação, é localizar o mesmo assunto em outros livros da Bíblia, analisando o contexto em que determinado termo foi introduzido em outros cenários.

No Novo Testamento, há versículos relacionando o dia com a luz e as trevas com a noite. São, desse modo, referências seguras que nos permitem captar a intenção do narrador de Gênesis.

No Evangelho de João:

> Disse-lhes, pois, Jesus: A luz ainda está convosco por um pouco de tempo. Andai enquanto tendes **luz,** para que as **trevas** não vos apanhem; pois quem anda nas trevas não sabe para onde vai. João 12, 36.

> Convém que eu faça as obras daquele que me enviou, enquanto é **dia;** a **noite** vem, quando ninguém pode trabalhar. João 9, 4.

O apóstolo Paulo, na primeira epístola ao Tessalonicenses, 1 Ts 5, 5, escreve:

> Porque todos vós sois **filhos da luz e filhos do dia;** nós não somos **da noite nem das trevas.**

Em Romanos 13, 12, Paulo reforça:

> A **noite** é passada, e o **dia** é chegado. Rejeitemos, pois, as obras das **trevas,** e vistamonos das armas da **luz.**

A separação da luz da treva está intimamente relacionada à trajetória do princípio inteligente, quando, em determinado momento de sua evolução, abandona as faixas evolutivas dos reinos inferiores, torna-se Espírito e adquire a consciência de si, conforme acentuamos.

É a partir desse ponto – conquista da consciência de si - que o autor bíblico situa a relação dia e luz, noite e trevas, destacando o dualismo que configura a condição dos Espíritos imperfeitos, habitantes de um mundo de provas e expiações, como é a Terra.

A referência aos termos luz/dia e noite/trevas é uma metáfora utilizada pelo narrador e que mais tarde é retomada pelo evangelista João e pelo apóstolo Paulo, nos textos acima destacados, para expressar o bem e o mal, e a conexão ou o afastamento do ser humano em relação a Deus.

Champlin[46], comentando o assunto, aponta que em Mateus 6, 22-23, a participação do bem ou do mal é exposta sobre o simbolismo da luz e das trevas. São reinos opostos onde residem supremamente uma ou outra dessas qualidades.

E, mais adiante, acentua que a vida está essencialmente vinculada à luz ou às trevas, ao bem ou ao mal, ao sucesso ou ao fracasso, e esse sucesso ou fracasso, em termos bíblicos, depende do esforço ou não do ser humano em encontrar-se ou não com Deus.

Champlin, finalmente, conclui que nos escritos joaninos e paulinos, tal sucesso ou fracasso depende de os homens transformarem-se segundo o padrão do Cristo[47].

Estar na luz, ser filho da luz ou filho do dia, significa dizer que o filho compartilha da natureza do Pai. O oposto é estar nas trevas, ser filho da noite, significando o afastamento do filho da natureza do Pai.

Beale e Carson acentuam que a metáfora foi usada para descrever a condição humana, aparecendo em muitas tradições religiosas, inclusive, no Antigo Testamento e nos escritos judaicos do período intertestamentário[48].

Os autores mencionados sustentam, ainda, "que a frase paulina aos Tessalonicenses foi utilizada **para fazer nítido contraste** entre a condição espiritual dos crentes e dos não crentes daquele

povoado. A luz simboliza o íntimo relacionamento dos Tessalonicenses com Deus e o seu conhecimento da iminente chegada do
dia do Senhor, enquanto a escuridão e a noite simbolizam a alien-
ação de Deus por parte dos cristãos e sua ignorância sobre o juízo
eminente que enfrentarão no retorno de Cristo"[49].

Viver na luz/dia ou trevas/noite, segundo a interpretação dos
evangelhos e dos autores citados, é expressão metafórica utilizada para apontar a condição espiritual humana.

Joanna de Ângelis ensina que a dualidade sempre esteve presente no ser humano, desde o momento em que ele começou a
pensar, desenvolvendo a capacidade de discernir.

> Os opostos têm-lhe constituído desafios para
> a consciência que deve eleger o que lhe é
> melhor, em detrimento daquilo que lhe é per-
> nicioso, perturbador, gerador de conflitos[50].

É por isso que, a partir da conquista da consciência, o relato
de Gênesis exibe o dualismo luz/trevas, evidenciando que a experiência humana, nas faixas evolutivas compatíveis com nosso
planeta, é marcada pelos contrastes.

Novamente, Joanna de Ângelis[51] pontua que a dualidade do
bem e do mal no ser humano é fenômeno natural do desenvolvimento da psique, apresentando situações antagônicas, como alto e
baixo, o dia e a noite, a vida e a morte, o yin e o yang, produzindo
a integração, a unidade[52].

> O bem e o mal – essa dualidade luz e sombra
> – em que se debate o Espírito humano, repre-
> sentam o futuro e o passado de cada ser hu-
> mano no trânsito evolutivo[53].

E completa a benfeitora:

> Examinando-se o planeta terrestre, onde se
> debatem as forças do bem e do mal, con-
> statamos ser ele uma escola de provas e de
> depurações cujas lições de aprimoramento
> ocorrem mediante o império do sofrimento,

mas que podem converter-se ao impositivo do amor em conquistas permanentes, felicitadoras.

Conclui-se, assim, que o livro Gênesis é uma narrativa poética que canta a história da criação da Terra, planeta de provas e expiações[54], para servir de morada a Espíritos imperfeitos, marcados pelo dualismo luz e trevas, bem e mal, dia e noite, para que possam, mediante o esforço e a vontade, habilitarem-se a novas faixas evolutivas em busca da unidade com Deus.

Enquanto durar a terra, semeadura e colheita, frio e calor, verão e inverno, dia e noite não hão de faltar. Gn 8,22.

CAPÍTULO 2

O SEGUNDO DIA

Nosso objetivo é olhar o relato bíblico da Criação buscando seu conteúdo espiritual e sua conexão com os temas revelados pela Doutrina Espírita.

Primeiramente, é imprescindível considerar que o texto foi escrito, segundo concordam os estudiosos, no período do exílio dos hebreus na Babilônia[55], no século VI a.C, por volta do ano 587 a.C[56], aproximadamente.

Dessa forma, é compreensível que as cosmogonias orientais, sobretudo da Mesopotâmia e do Egito, servissem de veículo literário para a reflexão do autor de Gênesis a respeito da criação de todas as coisas.

Nota-se a semelhança da narrativa bíblica com a Epopeia de Atrahasis[57], especialmente o paralelismo com o relato do dilúvio de Noé.

Champlin, comentando o versículo, afirma que lendas babilônicas, especialmente a lenda Enuma Elish[58], pintavam um quadro em que o corpo de Tiamate, um gênio do mal, foi dividido por Marduque, o deus protetor da Babilônia. Metade do corpo se tornou o firmamento, que represa as águas acima, e a outra metade se tornou a terra, separando-se das águas deixadas embaixo[59].

O autor bíblico considerou as lendas babilônicas a respeito da criação para apresentar uma releitura do tema, com conotação teológica, bem diferente dos mitos.

Denota-se que os hebreus, em pleno cativeiro na Babilônia, tiveram força espiritual o bastante para resistir à influência das culturas politeístas que impregnavam todo o mundo conhecido à época, deixando à humanidade o divino legado do monoteísmo.

Emmanuel vai dizer, no livro A Caminho da Luz[60], "que todas as raças da Terra devem aos judeus esse benefício sagrado, que consiste na revelação do Deus Único, Pai de todas as criaturas e Providência de todos os seres".

Ao lado desses apontamentos iniciais, surgem os dois grandes temas veiculados pela narrativa do segundo dia: a separação das águas e a criação dos céus, os quais são abordados nos tópicos a seguir.

A SEPARAÇÃO DAS ÁGUAS

> [6]E disse Deus: Haja uma expansão no meio das águas, e haja separação entre águas e águas. [7]E fez Deus a expansão e fez separação entre as águas que estavam debaixo da expansão e as águas que estavam sobre a expansão. E assim foi. [8]E chamou Deus à expansão Céus; e foi a tarde e a manhã o dia segundo[61].

No que se refere ao primeiro tema – separação das águas - é interessante retornarmos, de forma breve, à versão babilônica sobre a criação de todas as coisas. Os povos da época, buscando uma compreensão para a origem do mundo, teceram um poema mitológico que conta a história de um monstro – Tiamate – que foi vencido, em uma grande batalha, por Marduque, divindade protetora da Babilônia. Na batalha, Marduque dividiu ao meio o corpo de Tiamate, fazendo jorrar água em abundância. Essas águas foram separadas e formaram o céu e a terra.

Os hebreus aproveitaram a lenda babilônica, referente à separação das águas, para expor uma versão do tema com aspectos espirituais muito semelhantes aos textos produzidos pelo lendário Hermes Trismegisto, na Tábua de Esmeralda.

Segundo as inúmeras lendas do mundo antigo, Thoth, para os egípcios, ou Hermes, para os gregos, seguido da palavra Trismesgisto[62], era egípcio, e teria vivido aproximadamente há 2700 a.C. Os textos atribuídos a Hermes foram originalmente escritos na região do Delta do rio Nilo e traduzidos para o grego entre o século II a.C. até o século III, chegando a integrar a Biblioteca de Alexandria. Dentre os textos que sobreviveram, destaca-se a Tábua de Esmeralda[63].

O mais antigo manuscrito da Tábua de Esmeralda que se conservou até os dias atuais tem aproximadamente 1500 anos, e foi escrito em árabe.[64]

Segundo Fachin[65], algumas tradições judaicas consideram Hermes Trismegisto contemporâneo de Abraão, tendo este adquirido uma parte de seu conhecimento místico do próprio Hermes.

A respeito da influência dos textos herméticos sobre a Torá, há uma imagem criada entre os anos de 1481 e 1498, por Giovanni di Maestro Stephano, em mármore, no piso da Catedral de Siena, Itália, cuja inscrição afirma que Hermes foi contemporâneo de Moisés. Diz a inscrição: *Hermes Mercurius Trismegistus Contemporaneus Moysii*.[66]

Entre os textos da Tábua de Esmeralda, o escrito da segunda linha, traduzido do original por Isaac Newton[67], diz o seguinte:

> O que está em baixo é como o que está em cima e o que está em cima é como o que está em baixo para fazer os milagres da coisa Única.

Referido enunciado, atualmente conhecido como princípio da correspondência ou da unidade, está refletido no texto de Gn 1, 7, pois os hebreus tinham conhecimento dos conteúdos herméticos.

Assim sendo, resta evidente que o propósito do autor de Gênesis foi dizer que tudo que está acima dos céus é igual a tudo que está abaixo, revelando, nesses versículos, uma lei cósmica e universal, a lei da unidade.

No livro O Consolador[68], Emmanuel, ao responder à pergunta 22, afirma reconhecer o axioma de que o Universo obedece a uma lei de unidade, de forma que tudo que existe no todo existe igualmente nas partes.

Seguindo o mesmo propósito, o físico do século XV, *Philippus Aureolus Theophrastus*, conhecido como Paracelso, procurava, acima de tudo, as correlações entre o micro e o macrocosmo para explicar uma interação universal[69].

A realidade é que não há diferença substancial entre o que está no macro e o que está no microcosmo, pois as leis que regem todo o Universo são leis divinas, únicas.

A diferença pode ser apenas de complexidade, de dimensão, pois o que existe nas esferas superiores é muito mais sutil, mais elaborado, mas é, na essência, igual aos elementos que se expressam nas faixas inferiores, ou embaixo.

A lei de atração, por exemplo, que rege o mundo subatômico é a mesma lei que leva os planetas e os corpos celestes a atraírem-se uns aos outros, assim como o amor é também a mesma lei de atração, conforme o Livro dos Espíritos esclarece:

> 60. É a mesma a força que une os elementos da matéria nos corpos orgânicos e nos inorgânicos?
>
> - Sim, a lei de atração é a mesma para todos.

São Vicente de Paulo, Espírito, assina a resposta à questão 888a do Livro dos Espíritos, referindo-se ao amor como lei da atração:

> 888. Amai-vos uns aos outros, eis toda a lei, lei divina, mediante a qual governa Deus os mundos. O amor é a lei de atração para os seres vivos e organizados. A atração é a lei de amor para a matéria inorgânica.

Emmanuel, no livro que leva seu nome, *Emmanuel*, capítulo 23, salienta que apenas uma lei – a lei do amor - rege a vida em sua identidade substancial, a qual se manifesta em todo o Universo. "Nas ondas eletrônicas, filhas da energia solar, chama-se-lhe afinidade, magnetismo, atração, e, nas correntes de fluidos espirituais, filhas da alma, partícula divina, chama-se-lhe misericórdia, simpatia, piedade e amor. Nessa lei única, que liga a Criação ao seu Criador e da qual estudamos os fenômenos isolados, desenrola-se o drama da evolução do Espírito imortal".

> **6**E disse Deus: Haja uma expansão no meio das águas, e haja separação entre águas e águas. **7**E fez Deus a expansão e fez separação entre as águas que estavam debaixo da expansão e as águas que estavam sobre a expansão. E assim foi. **8E chamou Deus à expansão Céus**; e foi a tarde e a manhã o dia segundo

Outro grande tema revelado pelo segundo dia da Criação refere-se ao surgimento dos céus. No capítulo 1, no tópico Elementos Gerais do Universo, abordamos a relação da água com o fluido cósmico universal, oportunidade em que fizemos, igualmente, referência à ação de separar, que representa a ação divina criando tudo que existe no Universo, com a colaboração das Consciências Cósmicas, os Cristos ou Messias.

O ato de separar, agora, criou os céus, quando Deus separou as águas das águas.

O texto original foi escrito em aramaico, porquanto os hebreus estavam cativos dos babilônios há 70 anos quando o poema da criação foi escrito. A expressão aramaica, utilizada no texto original, é **shamayim**, que significa céus. No entanto, algumas traduções adulteraram o texto, infelizmente, trazendo a palavra no singular.

No texto original[70], a palavra foi grafada no plural, devendo ser traduzida como **céus**, tal como se verifica na tradução de João Ferreira de Almeida.

Landon Jones, autor do livro O Deus de Israel[71], elucida que na língua hebraica não há uma palavra para designar Universo, por isso, a expressão "os céus e a terra" foi usada quando os escritores bíblicos queriam referir-se à totalidade da Criação. Todavia, há contextos em que, no Antigo Testamento, as palavras céus e terra são usadas para destacar a diferença gêntre as duas esferas.

O pesquisador e escritor bíblico Champlin[72] comenta que a palavra hebraica para céus, usada no texto original, é **shamayim** e aparece 419 vezes, em 31 livros do Antigo Testamento, sendo, portanto, uma palavra de ocorrência frequente.

No Novo Testamento, escrito no idioma grego, a palavra utilizada para designar céu é **ouranós**, citada 280 vezes, de Mateus ao Apocalipse.

Assim, "tanto o termo hebraico, quanto o termo grego podem indicar o mundo espiritual, onde residem os Espíritos não materiais, como aquilo que, em português, convencionou-se chamar de firmamento, os céus visíveis, que inclui a nossa atmosfera terrestre e o céu estrelado, a imensa expansão do Universo"[73].

A palavra céus aparece no plural no Antigo, bem como no Novo Testamento, havendo muitas referências literárias, entre os hebreus e os primeiros cristãos, que evidenciam a crença na pluralidade dos céus ou mansões celestes. Portanto, erram aqueles que dizem que não há nenhuma diferença de sentido entre essa palavra no singular e no plural[74].

Os rabinos tinham como doutrina padrão o ensino de que há sete Céus e sete vãos entre os Céus, estando o Trono de Hashem no sétimo Céu[75].

Nesse sentido, cita-se o Livro do Esplendor ou Zohar, que reúne reflexões de grandes mestres do judaísmo do século II, entre os quais Shimon Ben Yochai, sobre os segredos dos cinco livros de Moisés (Torá) e de outros livros das Escrituras Sagradas.

Diz o texto:

> E eu vi a alma dos justos guiadas pelas Sete Portas, pelas Sete Regiões e pelos Sete Palácios em sua jornada de purificação para a vida de alegria eterna que as espera.[76]

A ideia de vários céus, como morada de Espíritos, verte da própria Bíblia.

No Antigo Testamento, no livro Deuteronômio 10, 14, a referência é clara:

> Ao Senhor, ao seu Deus, pertencem os céus e até os mais altos céus, a terra e tudo o que nela existe.

O livro de 1 Reis 8, 27 não deixa dúvida a respeito:

> Mas será possível que Deus habite na terra? Os céus, **mesmo os mais altos céus**, não podem conter-te. Muito menos este templo que construí!

O Livro de Neemias 9, 6 reforça a ideia de muitos céus:

> Só tu és o Senhor. **Fizeste os céus, e os mais altos céus**, e tudo que neles há, a terra e tudo o que nela existe, os mares e tudo o que neles existe. Tu deste vida a todos os seres, e os exércitos dos céus te adoram.

No Novo Testamento, 2 Coríntios 12, 2, a crença de múltiplos céus é evidente:

> Conheço um homem em Cristo que há catorze anos (se no corpo, não sei, se fora do corpo, não sei; Deus o sabe) foi arrebatado **ao terceiro céu**.

Em João 14, 2, Jesus fala de muitas moradas na casa do Pai:

> Na casa de meu Pai **há muitas moradas**; se não fosse assim, eu vo-lo teria dito.

O Espiritismo esclarece que os Céus são moradas dos Espíritos, tendo Deus criado o Universo, que compreende todos os seres animados e inanimados, materiais e imateriais. Os seres materiais constituem o mundo visível ou corporal; os seres imateriais, o mundo invisível ou espírita, ou seja, dos Espíritos[77].

O mundo espírita é o mundo normal, primitivo, eterno, pre-existindo e sobrevivendo a tudo. O mundo corporal é apenas secundário, poderia deixar de existir ou nunca ter existido, sem alterar a essência do mundo espírita[78]. Os Espíritos vestem temporariamente um corpo material perecível, cuja destruição pela morte lhes devolve a liberdade[79].

Segundo a Doutrina Espírita, os mundos materiais existem apenas para atender à necessidade evolutiva dos Espíritos que, em razão de seu nível espiritual, ainda necessitam de mundos corpóreos para progredir. É o caso do planeta Terra e de todos nós que aqui nos encontramos encarnados, bem como de todos os desencarnados que habitam as várias esferas (céus) em torno da Terra.

Os céus, em Gênesis, referem-se, portanto, às várias esferas espirituais em torno da Terra, assim como também existem em torno de cada planeta, as quais "se distinguem por vibrações distintas, que se apuram à medida que se afastam do núcleo. Assim como ocorre com os elétrons de um átomo que, ao receberem determinada aceleração, vão saltando para órbitas mais amplas, os Espíritos também, à medida que atingem mais altos graus de evolução, transferem-se para esferas imediatamente superiores".[80]

A narrativa de Gênesis foi, sem dúvida, divinamente inspirada. No versículo 8, o autor descreve primeiro a criação dos céus, que, segundo o Espiritismo, é o mundo primitivo, o primeiro a existir, o mundo verdadeiro. No próximo versículo vai descrever a criação da Terra, mundo material, secundário, destinado à morada dos Espíritos temporariamente encarnados.

Poderia o narrador ter escrito que Deus criou a terra e os céus, mas sabiamente asseverou que Deus criou primeiro os céus, conforme versículo 8, e somente depois, no terceiro dia, criou a terra, conforme versículo 9 e 10[81].

Primeiro, Deus criou o mundo primitivo, o verdadeiro, o eterno, e, mais tarde, criou o mundo material, o transitório, e que perecerá um dia.

A Terra é um gigantesco Organismo de Esferas:
Sete planos de vida, onde há trevas e há luz.

Nas regiões abissais — Satanás, homens-feras;
Nas esferas de cima — homens-anjos, Jesus...
A primeira região é o Abismo, profundo...
Vêm as Trevas depois — zona de reclusão;
Em seguida, eis a Crosta, isto é, nosso mundo,
Onde o joio se mescla ao trigo em floração.
Já se escuta no Umbral a divina trombeta;
Em sequência, eis o céu: Arte, Cultura e Ciência;
Mais acima é o Amor Fraterno Universal...
Diretrizes do Mundo, ou melhor, do Planeta:
Esta é a sétima esfera — a da mais alta essência,
De onde o Cristo comanda esta Nau Celestial![82]

CAPÍTULO 3

O TERCEIRO DIA

O reino vegetal

⁹E disse Deus: Ajuntem-se as águas debaixo dos céus num lugar; e apareça a porção seca; e assim foi. ¹⁰E chamou Deus à porção seca Terra; e ao ajuntamento das águas chamou Mares; e viu Deus que era bom.¹¹E disse Deus: Produza a terra erva verde, erva que dê semente, árvore frutífera que dê fruto segundo a sua espécie, cuja semente está nela sobre a terra; e assim foi. ¹²E a terra produziu erva, erva dando semente conforme a sua espécie, e a árvore frutífera, cuja semente está nela conforme a sua espécie; e viu Deus que era bom. ¹³E foi a tarde e a manhã, o dia terceiro.

A estrutura progressiva do processo criativo é uma característica da liturgia da Criação em Gênesis. Em cada narrativa, verifica-se a progressão das coisas criadas; o narrador vai construindo a história com crescente detalhe e movimento. E, em tudo, a soberania divina é enfatizada, porquanto Deus exerce soberania absoluta sobre Sua obra.

No terceiro dia, após a descrição da criação da porção seca e dos mares, o autor de Gênesis passa a descrever a vida orgânica, antes comprometido em descrever apenas a vida inorgânica. No entanto, o leitor irá observar que, mais adiante, o narrador retorna à vida inorgânica, para, logo em seguida, retomar o tema relativo à vida orgânica. Nada de estranho. São os movimentos do paralelismo e da espiral que marcam o texto semita.

A respeito do surgimento do reino vegetal, Emmanuel, no livro A Caminho da Luz, relata que uma assembleia numerosa de operários espirituais, sob a orientação do Cristo, laborava na Terra para a construção das formas organizadas e inteligentes dos séculos porvindouros. Milhares de anos foram necessários aos servidores divinos no trabalho paciente da elaboração das formas[83].

Prossegue o autor espiritual assinalando que "o ideal da beleza foi a preocupação dos primeiros momentos dos obreiros divinos, no que se referia às edificações celulares das origens. É por isso que, em todos os tempos, a beleza, junto à ordem, constituiu um dos traços indeléveis de toda a criação."

As formas de todos os reinos da natureza terrestre foram estudadas e previstas. Os "fluidos da vida foram manipulados de modo a se adaptarem às condições físicas do planeta, encenando-se as construções celulares segundo as possibilidades do ambiente terrestre, tudo obedecendo a um plano preestabelecido pela misericordiosa sabedoria do Cristo, consideradas as leis do princípio e do desenvolvimento geral"[84].

O surgimento da vida orgânica no planeta, sob a ótica do Espiritismo, é detalhado no livro Evolução em Dois Mundos, terceiro capítulo, tendo o autor espiritual informado que a evolução se verifica em dois planos, material e espiritual, de tal forma que pode parecer difícil catalogar os elos da evolução examinando-a apenas do ponto de vista material[85].

É por isso que, sem considerar os ascendentes espirituais, é impossível localizar, de forma precisa, alguns aspectos da evolução material dos seres. Não é "possível circunscrever a experiência ao plano físico simplesmente considerado, porquanto, por meio do nascimento e morte da forma, sofre constantes modificações nos dois planos em que se manifesta. Esta é a razão pela qual variados elos da evolução fogem à pesquisa dos naturalistas, por representarem estágios da consciência fragmentária fora do campo carnal propriamente dito, nas regiões extrafísicas, em que essa mesma consciência incompleta prossegue elaborando o seu veículo sutil, então classificado como protoforma humana, correspondente ao grau evolutivo em que se encontra"[86].

Conhecendo essas verdades, André Luiz, no livro citado, ao abordar o reino vegetal, trata também da evolução do veículo sutil do princípio inteligente, criado simples e ignorante, para se elaborar nos diversos reinos da natureza, mineral, vegetal e animal, até atingir a humanidade.

Esclarece o citado autor que o ser viaja por milhões e milhões de anos no rumo da elevada destinação que lhe foi traçada pelo plano superior, tecendo com os fios da experiência a túnica da própria exteriorização, segundo o molde mental que traz consigo. Simples e ignorante, durante sua romagem pelo tempo, o princípio inteligente vivencia experiências nas infinitas moradas existentes no espaço. Esse percurso levou o Espírito despender, para alcançar a idade da razão, com o título de homem, dotado de raciocínio e discernimento, cerca de **um bilhão e meio de anos**[87].

O apóstolo Paulo, em 1Coríntios 15, 44, asseverou convincente: "Semeia-se corpo animal, ressuscitará corpo espiritual. Se há corpo animal, há também corpo espiritual"[88].

Comentando a assertiva do Convertido de Damasco, Emmanuel, no prefácio do livro Evolução em Dois Mundos, com o título "Anotação", registra que "nessa preciosa síntese, encontramos no verbo 'semear' a ideia da evolução filogenética do ser e, dentro dela, o corpo físico e o corpo espiritual como veículos da mente em sua peregrinação ascensional para Deus"[89].

Em A Gênese[90], Allan Kardec, antecipando-se ao tema, observa que a escala dos seres vivos, do ponto de vista do organismo, apresenta, "desde o líquen até a árvore e desde o zoófito até o homem, uma cadeia que se eleva gradativamente, sem solução de continuidade e cujos anéis todos têm um ponto de contacto com o anel precedente".

Conclui o mestre lionês, na citada obra, que "acompanhando-se passo a passo a série dos seres, dir-se-ia que cada espécie é um aperfeiçoamento, uma transformação da espécie imediatamente inferior. Visto que são idênticas às dos outros corpos as condições do corpo do homem, química e constitucionalmente; visto que ele nasce, vive e morre da mesma maneira, também nas mesmas condições que os outros se há de ele ter formado".

A conclusão de Allan Kardec está conectada com as descobertas de Charles Darwin, conforme capítulo XIV, do livro A Origem das Espécies, quando o cientista comenta que "desde o período mais remoto da história do Globo nota-se entre os seres organizados uma semelhança contínua hereditária[91]".

Examinando a questão, sob a ótica da ciência de Darwin e de Kardec, Leon Denis[92] conclui que a lei do progresso não se aplica somente ao homem, pois trata-se de uma lei divina e universal que rege todos os reinos da natureza.

Cada elo dessa cadeia, sustenta o autor, "representa uma forma da existência que conduz a uma forma superior, a um organismo mais rico, mais bem adaptado às necessidades, às manifestações crescentes da vida; mas, na escala da evolução, o pensamento, a consciência e a liberdade só aparecem passados muitos graus"[93].

> Na planta, a inteligência dormita; no animal, sonha; só no homem acorda, conhece-se, possui-se e torna-se consciente; a partir daí, o progresso, de alguma sorte fatal nas formas inferiores da Natureza, só se pode realizar pelo acordo da vontade humana com as Leis eternas[94].

Matéria fascinante é o estudo da flora, e, embora não seja este o propósito deste livro, pontua-se que os avanços dos estudos em biologia e fisiologia têm permitido aos pesquisadores, com o uso de experimentos altamente tecnológicos, recolher dados que comprovem que as plantas são criaturas sensíveis.

A Sociedade Internacional de Neurobiologia Vegetal, na cidade de Florença, Itália, tem realizado inúmeras pesquisas para entender como as plantas percebem o ambiente à sua volta e como respondem a esse ambiente de forma integrada, levando em consideração componentes moleculares, químicos e elétricos na sinalização intercelular.

O livro *The Secret Life of Plants: a Fascinating Account of the Physical, Emotional, and Spiritual Relations Between Plants*, de Peter Tompkins e Christopher Bird, entre os best-sellers do New York Times, publicado em 1973, registra experiências que revelam possuírem as plantas sistema de comunicação por meio de sinais químicos e elétricos, sistema para controlar o equilíbrio interno e racionar energia, sistema de defesa e de ataque a predadores, além de outros. Os autores sacudiram o meio científico ao proclamarem que as plantas são seres inteligentes.

Enfim, citamos essas breves informações para que o leitor possa pesquisar a respeito da intrigante vida do reino vegetal, conforme as novas descobertas da ciência, e concluir, como conclui o Espiritismo, que o reino vegetal é o berço que permite ao princípio inteligente ensaiar-se para a vida.

O relato da Criação é um canto sublime, revelando a existência de um único Autor da Vida. Afasta a teoria da geração espontânea ao narrar que todos os seres vivos, criados simples e ignorantes, submetem-se à lei da evolução. Sob uma perspectiva evolucionista, anuncia uma terra vazia e disforme que ganha estrutura para receber de forma sequencial o reino mineral, o vegetal, o animal e, por último, o ser humano, resultado da trajetória evolutiva do princípio inteligente nos reinos antecedentes.

Deus é o criador de todas as coisas, que se aprimoram no tempo e no espaço, em obediência à lei da evolução.

CAPÍTULO 4

O QUARTO DIA

14E disse Deus: Haja luminares na expansão dos céus, para haver separação entre o dia e a noite; e sejam eles para sinais e para tempos determinados e para dias e anos. **15**E sejam para luminares na expansão dos céus, para iluminar a terra; e assim foi.

16E fez Deus os dois grandes luminares: o luminar maior para governar o dia, e o luminar menor para governar a noite; e fez as estrelas. **17**E Deus os pôs na expansão dos céus para iluminar a terra, **18**E para governar o dia e a noite, e para fazer separação entre a luz e as trevas; e viu Deus que era bom. **19**E foi a tarde e a manhã, o dia quarto.

O quarto dia apresenta a criação dos luminares, sendo-lhes atribuída a função específica de governar o dia e a noite, marcar o tempo, além de cumprir outra tarefa especial: *apontar os sinais e os tempos determinados.*

É curioso observar, inicialmente, que o autor descreve a criação de dois astros, um maior para governar o dia e outro menor para a noite, sem, contudo, nominá-los.

A falta de nomeação, todavia, foi intencional, porque os egípcios, babilônios e cananeus[95], povos contemporâneos dos hebreus e com os quais mantinham contato, consideravam o Sol como um deus. A Lua representava, igualmente, uma divindade, assim como as estrelas tinham a função de dirigir-lhes o destino.

Para os povos da época, o Sol e a Lua eram deidades; mas, para o povo da bíblia, eram apenas itens da criação de Deus, a serviço da humanidade.

Movido pelo propósito de diminuir a importância do Sol e da Lua perante as demais culturas que os endeusavam, o narrador bíblico informa que os corpos celestes estão debaixo do controle de Deus e não operam de forma independente de Sua soberania[96].

É instigante observar, também, que a criação do Sol e da Lua se deu no quarto dia, após a criação do reino vegetal, no terceiro dia.

A questão merece atenção, além de evidenciar a feição poética do texto, porquanto a flora não sobrevive sem a ação solar, imprescindível para a realização da fotossíntese.

A riqueza desses detalhes, visíveis numa leitura superficial, ao lado de outros elementos possíveis de serem extraídos de uma leitura mais atenta e profunda, convidam o leitor a refletir os temas de Gênesis sem considerar a exatidão de suas informações com aspectos científicos, pois sua composição reveste propósitos espirituais.

OS MARCADORES DO TEMPO

O relato da Criação segue uma configuração setenária, com uma estrutura orientadora no centro, representada pelo quarto dia, e três elementos de cada lado do centro, representados pelos outros seis dias.

Essa configuração indica que o quarto dia – linha mestra – contém a temática que norteará todos os demais assuntos tratados no capítulo.

Interessante lembrar que essa estrutura segue o mesmo padrão da Menorah (candelabro), símbolo do judaísmo.

A Menorah, palavra hebraica, cujo significado é candelabro de ouro[97], era mantida no Tabernáculo e, mais tarde, no Templo de Jerusalém. Com uma estrutura de sete hastes, três de um lado, três do outro, e uma no meio, exprime uma simbologia a esse respeito. Cada haste representa um milênio, totalizando um ciclo de 7000 anos[98].

Assim, ao situar a criação dos marcadores do tempo no quarto dia, em idêntica posição da haste central do candelabro judaico, o autor deixa evidente que a matéria tratada no quarto dia, dada sua fundamental importância, irá influenciar muitos outros textos da bíblia, em especial os apocalípticos, de Daniel e de João, as profecias de Jeremias e Joel, ou qualquer outro profeta, cujos conteúdos apresentem aspectos metafóricos e simbólicos envolvendo ciclos setenários.

Daniel, por exemplo, faz referência a esse período de sete mil anos. Em uma de suas profecias, aponta o tempo de sua ocorrência empregando uma fórmula que se expressa por "**um tempo, tempos e metade de um tempo**".

> E proferirá palavras contra o Altíssimo, e destruirá os santos do Altíssimo, e cuidará em mudar os tempos e a lei; e eles serão entregues na sua mão, por um tempo, e tempos, e a metade de um tempo. Daniel 7, 25.

Essa fórmula pode ser representada da seguinte forma: (X + 2X+ ½ X). O valor de x é mil anos, conforme 2Pedro 3, 8:

> Mas, amados, não ignoreis uma coisa, que um dia para o Senhor é como mil anos, e mil anos como um dia.

A fórmula adotada pelo profeta Daniel refere-se a um período que corresponde à meia semana bíblica, ou seja, a um período de 3500 anos [1000 (x)+ 2000 (2X) + 500 (1/2 x)], que corresponde à metade de um ciclo setenário.

O apocalipse também faz revelações que estão representadas por períodos dentro do ciclo de 7 mil anos, com fatos que ocorreram e ocorrerão segundo os marcadores do tempo.

A influência que os corpos celestes exercem sobre todos os fenômenos naturais e até mesmo sobre a vida, considerada em todas as suas dimensões, é assunto elementar em astronomia. E, por conhecer os mecanismos dessa influência[99], os hebreus saturaram a bíblia de tópicos respeitantes a ciclos naturais, astronômicos e proféticos.

Os ciclos são marcados por movimento e repouso, avanço e recuo, ascensão e descida, manifestos em todos os fenômenos do Universo, como é possível ser observado na vida humana, animal, vegetal, no movimento astronômico, na natureza, e até mesmo na ascensão e declínio das nações[100].

Sobre essa matéria, Arago[101] assina um texto na Revista Espírita de 1868, p. 431, que foi incorporado em algumas traduções no capítulo XVIII, item 8, do livro A Gênese[102], o quinto livro da Codificação Kardequiana, e traz a seguinte revelação:

> Cada corpo celeste, além das leis simples que presidem à divisão dos dias e das noites, das estações, etc., experimenta revoluções que demandam milhares de séculos para sua realização completa, porém que, como as revoluções mais breves, passam por todos os períodos, desde o de nascimento até o de um máximo de efeito, após o qual há decresci-

> mento, até o limite extremo, para recomeçar em seguida o percurso das mesmas fases.

O tempo de duração de cada ciclo está relacionado com o tempo que um corpo celeste demanda para girar em torno de um eixo, pois "cada turbilhão planetário, a deslocar-se no espaço em torno de um centro comum arrasta consigo seus mundos"[103].

Prosseguindo com o tema, Arago esclarece que:

> os sistemas planetários reagem uns sobre os outros, na razão da proximidade ou do afastamento resultantes do movimento de translação deles, através das miríades de sistemas que compõem a nossa nebulosa.

E vai ainda mais longe ao asseverar que a nossa nebulosa, "semelhante a um arquipélago na imensidade, tendo também seu movimento de translação através das miríades de nebulosas, sofre a influência das outras que dela se aproxima.[104]

Os grandes temas do Apocalipse, acobertados por símbolos enigmáticos, podem ser compreendidos a partir da identificação do ciclo relacionado a determinado acontecimento descrito naquela obra reveladora.

Nesse sentido, Marius Coeli[105] defende que, "a partir das Sagradas Escrituras, é possível colher equações que correspondem surpreendentemente a ciclos astronômicos que, semelhantes às horas de incomensurável relógio, cuja máquina maravilhosa é a máquina do Universo, marcam, através dos séculos e dos mundos, o estupendo e ainda misterioso desenrolar do infinito plano de Deus".

Assim, toda alusão a ciclos, na Bíblia, aponta para períodos que trazem determinado planejamento divino para a humanidade e para o planeta, com datas predeterminadas para que alguns acontecimentos se cumpram no tempo, segundo a vontade de Deus.

Diante disso, Wallace Oliveira, no livro O Sermão Profético de Jesus, explana haver um antiquíssimo planejamento espiritual contendo uma cronologia que envolve longos períodos ou ciclos de duração na eternidade do tempo, relativo a milhares de anos, e que se refere ao futuro do mundo e dos homens, como há também antigas profecias ou previsões sobre esse assunto[106].

O autor cita exemplos desse planejamento espiritual:

> O início da missão de Jesus, por volta do ano 27 d.C., trazendo ao mundo a 2ª revelação de Deus aos homens, o Cristianismo; bem como a vinda de um outro Consolador prometido por Jesus aos seus seguidores a partir do ano de 1844, trazendo a 3ª revelação divina através do Espiritismo; e o início do processo de regeneração da humanidade por volta dos anos de 2057-2064[107].

Os Espíritos superiores quando afirmam que os **tempos são chegados**[108], não estão dizendo isso aleatoriamente, mas o fazem considerando um conjunto macrocósmico que os permite dizê-lo.

A existência de um calendário astronômico, com datas e tempos marcados para os acontecimentos estabelecidos por Deus, é a grande revelação impressa no quarto dia. Esses acontecimentos podem ser previamente identificados pelos "sinais no céu". É por isso que os profetas do Antigo Testamento, assim como Jesus e os apóstolos, faziam referência aos sinais dos tempos quando mencionavam determinado acontecimento que estava por vir.

O nascimento de Jesus, em Belém da Judéia, por exemplo, foi previamente conhecido por magos[109] orientais, os quais vieram do Oriente à Jerusalém para prestigiar o nascimento do Príncipe da Paz.

> Onde está aquele que é nascido rei dos judeus? porque **vimos a sua estrela no oriente**, e viemos a adorá-lo. Mt 2, 2

Os magos, segundo Seiss[110], eram conhecedores de astronomia e outras ciências sagradas. Eles foram os grandes mestres que ensinaram a sabedoria divina a reis e indivíduos de seu tempo. Eram ligados ao zoroastrismo, religião persa vinculada à astrologia. Conhecedores dos sinais e símbolos das profecias, eles observavam o céu e aguardavam o momento em que as constelações apontassem a época em que o Rei, o Filho do eterno Doador da Lei nasceria.

Os hebreus, conhecedores da influência que o movimento dos corpos celestes exerce sobre os fenômenos relacionados ao planeta, imprimiram essa ciência em G 1, 14, na imagem dos luminares, os quais foram criados para marcar o tempo, para "**sinais, para tempos determinados**[111] e para dias e para anos".

Jesus falou muitas vezes sobre os sinais do tempo, reportando-se à Gn 1, 14.

Em Atos dos Apóstolos, registra-se:

> Aqueles, pois, que se haviam reunido perguntaram-lhe, dizendo: Senhor, restaurarás tu neste tempo o reino a Israel? E disse-lhes: Não vos pertence saber os tempos ou as estações que o Pai estabeleceu pelo seu próprio poder. Atos 1, 6 - 7.

Pretendia o Mestre que os judeus compreendessem que aquelas mencionadas estações se referiam, de fato, a tempos certos (Gn 1, 14), a longos ciclos futuros em que certas mudanças determinadas por Deus deveriam ocorrer no mundo, conforme as antigas profecias judaicas já haviam revelado[112], mas que, naquele momento, eles não estavam prontos para compreender.

O entendimento dos textos aparentemente enigmáticos das Sagradas Escrituras exige do intérprete lucidez e fé raciocinada, conforme já advertira Allan Kardec, pois a "fé necessita de uma base, base que é a inteligência perfeita daquilo em que se deve crer. E, para crer, não basta ver; é preciso, sobretudo, compreender. A fé cega já não é deste século[113]".

Relativamente a ciclos, ou estações para os hebreus, é importante ressaltar que os textos proféticos e apocalípticos fazem referência a períodos que englobam vários ciclos, terciários, quaternários, ciclos com dezenove anos, setenta anos e outros, cada qual trazendo um conjunto de significado. No entanto, para o presente estudo, interessa apenas o ciclo setenário, evidenciado pela estrutura setenária dos dias da Criação.

A criação dos luminares, marcadores do tempo, no quarto dia, revela que um período de sete tempos, ou sete mil anos, chamado de Shevua[114], em Hebraico, representa um ciclo, com movimentos rítmicos de ascensão e descida, em que se movimenta a civilização planetária.

Na Natureza não há um fenômeno, por pouco importante que seja, que não seja regulado pelo exercício das leis universais que regem a Criação.[115]

CAPÍTULO 5

O QUINTO DIA

O reino animal

[20]E disse Deus: Que as águas fiquem cheias de todo tipo de seres vivos, e que na terra haja aves que voem no ar.

[21]Assim Deus criou os grandes monstros do mar, e todas as espécies de seres vivos que em grande quantidade se movem nas águas, e criou também todas as espécies de aves. E Deus viu que o que havia feito era bom.[116]

A narrativa da Criação apresenta, progressivamente, novas formas de vida que se tornam diversificadas e complexas no decorrer do tempo. As primeiras formas de vida surgem no reino vegetal, mais tarde no reino animal, atingindo o clímax do processo com a criação do ser humano. Todas as criaturas estão ligadas, formando um elo infinito que as impulsiona à perfeição, destino de tudo que existe.

No relato bíblico da Criação, a vida animal surge nas águas, com os répteis, e nos céus, com as aves. De fato, a natureza não dá saltos; tudo avança gradual e continuamente.

A progressão do processo evolutivo das espécies criadas não está refletida apenas na passagem de uma forma a outra, "mas no íntimo aprimoramento de estruturas e funções psíquicas, a se manifestarem, sim, através de formas e características funcionais diversas, cada vez menos grosseiras, rumo à espiritualidade superior".[117]

A evolução acontece dentro da Ordem Suprema que rege toda a Criação; não é uma ascensão confusa, desordenada, caótica, mas um movimento exatamente disciplinado, sem possibilidade de enganos ou imposições. A Lei tem seu ritmo absoluto e tudo avança por continuidade, afirma Pietro Ubaldi, em A Grande Síntese:

> Um mecanismo de exatidão matemática dirige, toda a criação, com a simplicidade de um princípio único e alcançando uma complicação que vos atordoa. Tudo se compenetra, coexiste; tudo, a cada instante equilibra-se; tudo, do mínimo fenômeno até a criação dos universos, encontra em cada ponto, sua justa expressão.[118]

Essa exatidão está nitidamente clara na narrativa da Criação e se revela pela ordem e sequência ritmada observável em toda a natureza.

A semente, uma vez lançada ao solo, segue uma sequência – jamais alterada – até o aparecimento do fruto. De igual forma, esse ritmo sequencial também ditou o processo de criação do planeta Terra. No início, o caos, depois a ordem no caos, em seguida a separação dos fluídos, com a formação das águas dos mares e dos oceanos, depois a terra firme, com a formação dos continentes. Surge o reino vegetal, com toda sua riqueza, os corpos celestes como marcadores do tempo, de ciclos e de fases. Em seguida, surge a vida animal: primeiro se manifesta nos animais aquáticos e marinhos, depois, nos animais terrestres, para se concluir no homem. E a cada ser foi comissionado uma tarefa; ao homem, a tarefa de tudo cuidar.

A vida animal, segundo Gênesis, origina-se no oceano. Depois surgem as aves e, em sequência, todos os demais animais até o aparecimento do ser humano. E toda a Criação começou com **o vento de Deus que se movia sobre a face das águas**, conforme Gn 1, 2. O termo hebraico, para descrever **vento**, é **veruach**[119], cujo significado é vento, sopro, podendo designar, também, Espírito.

Nesse ponto da narrativa, reunimos os textos para compreender, segundo a linguagem de Gênesis, que **um vento de Deus pairando sobre a face das águas deu origem às primeiras manifestações de vida animal no fundo do oceano.**

O Espiritismo retoma o assunto no livro A Caminho da Luz e Emmanuel descreve o momento em que, dos espaços ilimitados, uma nuvem de forças cósmicas, à semelhança de **um sopro divino**, verte sobre o laboratório planetário, depositando-se no fundo dos oceanos. Com essa massa gelatinosa, nascia no orbe o protoplasma e, com ele, lançara Jesus à superfície do mundo o germe sagrado dos primeiros homens.[120]

Há uma íntima sintonia entre o Relato da Criação e a Revelação Espírita. Não podia ser diferente, pois ambas provêm do mesmo Autor.

Percorrendo a temática referente ao surgimento dos animais no planeta, Emmanuel, no referido livro, pontua que a natureza se converteu, com os milênios, num vasto laboratório de ensaios monstruosos. Após os répteis, surgiram os imensos e pavorosos animais das eras primitivas. No entanto, pela engenharia celeste as "arestas foram eliminadas, permanecendo os tipos adequados à Terra, os quais foram consumados em todos os reinos da natureza, eliminando-se os frutos teratológicos e estranhos, do laboratório de suas perseverantes experiências"[121].

Nesse vasto campo de operações espirituais, nota-se que "o escorpião, gêmeo dos crustáceos marinhos, conserva até hoje, de modo geral, a forma primitiva; no entanto, os animais monstruosos das épocas remotas, que lhe foram posteriores, desapareceram para sempre da fauna terrestre, guardando os museus do mundo as interessantes reminiscências de suas formas atormentadas"[122].

E é assim que aquela massa viscosa, mônada celeste, depositada no fundo dos oceanos, inicia seu trabalho evolutivo como um ser estruturalmente simples e completamente ignorante de sua própria condição. No decorrer de bilhões de anos, vivencia inúmeras e repetitivas experiências, modelando as tessituras do corpo material e espiritual. Avança, então, sem detença, rumo à conquista da consciência de si, até alcançar a razão, conquistar a perfeição e se colocar na órbita de Deus.

Emmanuel vem esclarecer que:

> Aquela mônada celeste criada por Deus no plano espiritual e lançada sobre o Plano Físico para evoluir, atravessou as mais rudes provas de adaptação e seleção, assimilando os valores múltiplos da organização, da reprodução, da memória, do instinto, da sensibilidade, da percepção e da preservação própria, penetrando, assim, pelas vias da inteligência mais completa e laboriosamente adquirida, nas faixas inaugurais da razão[123].

O Livro dos Espíritos trata da matéria na questão 607, tendo os Espíritos revelado que a fase humana é conquista do princípio inteligente que se elaborou aos poucos em uma série de existências anteriores que antecede ao período que chamamos de Humanidade.

Diante dessa realidade, o Codificador questiona se é possível considerar ter sido a alma o princípio inteligente dos seres inferiores da Criação, sendo-lhe respondido que:

> É nesses seres, que estais longe de conhecer inteiramente, que o princípio inteligente se elabora, se individualiza pouco a pouco e ensaia para a vida.
>
> É, de certa maneira, um trabalho preparatório, como o de germinação, em seguida ao qual o princípio inteligente sofre uma transformação e se torna Espírito.
>
> É então que começa para ele o período de humanidade, e com este a consciência do seu futuro, a distinção do bem e do mal e a responsabilidade dos seus atos. Assim como de-

pois da infância vem a adolescência, depois a juventude e, enfim, a idade adulta."[124]

Na questão 609, os Expoentes da Codificação esclarecem a respeito do instigante tema que o "Espírito ao entrar no período de humanidade pode conservar um reflexo mais ou menor pronunciado do estado primitivo, porque nada na natureza se faz por transição brusca[125]."

> A partir do momento que o princípio inteligente atinge o estágio necessário para ser Espírito e entrar no período de humanização, não tem mais relação com seu estado primitivo e não é mais a alma dos animais, como a árvore não é a semente. No homem, não há mais do animal senão o corpo e as paixões que nascem da influência do corpo e do instinto de conservação inerente à matéria. Não se pode, portanto, dizer que aquele homem é a encarnação do Espírito de tal animal e, assim, a metempsicose, tal como se entende, não é exata.[126]

Essas revelações se deram há 150 anos, por ocasião da publicação do Livro dos Espíritos, em 18 de abril de 1857, antecipando-se às descobertas científicas atuais.

No ano de 2010, por exemplo, arqueólogos encontraram na Etiópia, África, o mais bem preservado fóssil de um *Australopithecus afarensis*, uma bebê batizada de Didika, de aproximadamente 3 anos, que teria vivido há cerca de 3,3 milhões de anos e que apresentava, da cintura para cima, características de macaco, enquanto que, da cintura para baixo, apresentava características mais humanas.

Outra espécie de *Australopithecus* encontrada, conhecida como *little foot*, um dos ancestrais hominídeos mais antigos que viveram na Terra, apresentava metade do cérebro com estrutura semelhante aos macacos e metade semelhante aos humanos, conforme estudos publicados no Jornal da Evolução Humana, arquivado no portal da Revista Science Direct.[127]

Toda espécie de vida criada por Deus está destinada à evolução. Assim, os animais, seres inteligentes, não foram criados para permanecerem eternamente na mesma condição, sem qualquer perspectiva evolutiva. Existe uma ordem harmoniosa admirável que faz com que tudo seja solidário na natureza.

Por isso, conclui o Codificador que:

> Acreditar que Deus pudesse fazer alguma coisa sem objetivo e ter criado seres inteligentes sem futuro seria blasfemar contra sua bondade, que se estende sobre todas as suas criaturas.[128]

Emanuel igualmente, em Alvorada do Reino, sublinha:

> O animal caminha para a condição do homem, tanto quanto o homem evolui no encalço do anjo. No reino animal, a consciência, à feição de crisálida, movimenta-se em todos os tons do instinto, no rumo da inteligência.[129]

Assim, a escala evolutiva dos seres pode ser representada da seguinte forma:

1. a ascensão dos minerais aos vegetais;
2. dos vegetais aos animais;
3. dos animais aos homens;
4. dos homens aos anjos.

Gabriel Delanne[130], refletindo sobre a evolução dos seres criados por Deus, afirma, com muita lógica de raciocínio, que os animais possuem inteligência, instinto, memória e sensibilidade; o que o leva a concluir, respaldado no axioma que diz que todo efeito inteligente tem uma causa inteligente, que a alma animal é da mesma natureza que a humana, apenas diferenciada no desenvolvimento gradativo[131].

São eternas as leis da evolução que arrastam o princípio inteligente a renovadas perspectivas. Por meio de "milhares de modelos inferiores, nos labirintos de uma escalada ininterrupta; através das mais bizarras formas; sob a pressão dos instintos e a sevícia de forças inverossímeis, a cega psique vai tendendo para a luz, para a consciência esclarecida, para a liberdade."[132]

O objetivo das incursões do princípio inteligente, nas mais variadas formas dos reinos da natureza, é desenvolver o envoltório fluídico, adquirir plasticidade para que lhe sejam fixadas no psiquismo as leis que regem as formas vivas, capacitando-se para desenvolver todas as forças que lhe serão necessárias quando adentrar as faixas da hominização.

> Somos, evidentemente, o último ramo aflorado da grande árvore da vida, e resumimos, acumulando-os, todos os caracteres físicos, intelectuais e morais assinalados isoladamente em cada um dos indivíduos que perfazem a série dos seres. [133]

A evolução do princípio inteligente, portanto, não está restrita aos corpos em que viveu no plano físico material. Em cada morte da forma física, o princípio inteligente sofre constantes modificações em seu veículo espiritual, sendo esta a razão pela qual variados elos da evolução fogem à pesquisa dos naturalistas[134].

Tanto é verdade que a paleontologia, ao reconstruir a árvore genealógica dos símios, não conseguiu explicar até hoje como essa árvore levou ao surgimento da espécie humana, pois antropólogos e biólogos ainda não conseguiram precisar se existe um limite entre o que seja cérebro humano e cérebro de macaco[135].

E, neste ponto, é preciso considerar que o espiritismo, seguindo ao lado do materialismo, avança, investigando para além da matéria, a fim de descortinar a verdade.

O Espiritismo e o materialismo, segundo Allan Kardec são como dois viajantes que caminham juntos, partindo de um mesmo ponto; chegados a certa distância, diz um: "Não posso ir mais longe". O outro prossegue e descobre um novo mundo[136].

É assim que tudo serve, que tudo se encadeia na natureza, desde o átomo primitivo até o arcanjo, que também começou por ser átomo. Admirável lei de harmonia, que ainda o nosso acanhado Espírito não pode apreender em seu conjunto![137]

CAPÍTULO 6

O SEXTO DIA

O Sexto dia encerra um período de progressiva atividade por parte do Criador, seguindo-se o repouso, no sétimo dia.

Nesse episódio, o narrador descreve a criação dos animais domésticos, dos répteis, dos animais selvagens e do ser humano.

> [24]"E disse Deus": Que a terra produza todo tipo de animais: domésticos, selvagens e os que se arrastam pelo chão, cada um de acordo com a sua espécie. E assim foi. [25]E Deus fez os animais, cada um de acordo com a sua espécie: os animais domésticos, os selvagens e os que se arrastam pelo chão. E Deus viu que era bom. [138]

A criação dos animais domésticos ensejou certo desconforto entre estudiosos da Bíblia, uma vez que a domesticação de animais é atividade humana e não divina. Considerando, assim, a criação do ser humano após a criação dos animais domésticos, o assunto chegou a ser polemizado, sobretudo por parte daqueles que analisam a Criação, na Bíblia, sob o ponto de vista científico.

Ocorre que o texto de Gênesis é um poema místico, um cântico de sublimes expressões em louvor ao Deus único, Criador de todas as coisas. Em suas linhas, aparentemente simples e ingênuas, veiculam conteúdos espirituais profundos.

E, depois, é preciso considerar que o livro Gênesis foi escrito durante o período de cativeiro dos hebreus na Babilônia. Nesse sentido, o autor procurou ressaltar o ser humano dentre os demais seres vivos na obra da Criação divina. Era uma forma de resistir à cultura idólatra, especialmente ao culto aos animais, comum na tradição babilônica, egípcia e dos demais povos do Oriente Médio, seus contemporâneos. Os egípcios, por exemplo, traziam em sua mitologia a imagem de um gato, como representação da deusa Bastet, uma das divindades mais veneradas no Antigo Egito. Anúbis, divindade representada pela imagem de um cão sentado, era, igualmente, adorado entre os egípcios.

No entanto, os hebreus concebiam a ideia de Deus como um Ser imaterial, e isso impossibilitava que fosse idolatrado e cultuado em imagens, como era costume entre seus contemporâneos.

A adoração[139], como lei divina[140], estabelece uma ligação profunda entre o homem e Deus; jamais entre os animais e o homem.

Por isso, o texto descreve serem todos os animais, selvagens e domésticos, criados por Deus. Ao homem foi confiada a tarefa de cuidar e de preservar toda a Criação.

A CRIAÇÃO DO SER HUMANO

> **26**E disse Deus: Façamos o homem à nossa imagem e semelhança; que eles dominem sobre os peixes do mar, sobre as aves do céu, e sobre os animais domésticos e selvagens e sobre os animais que se arrastam pelo chão.[141]

No sexto dia, completa-se a obra da Criação, com a formação dos três reinos, mineral, vegetal e animal, culminando com a Criação do ser humano.

O ser humano, entre todas as criaturas, foi o único a receber especial atenção e cuidado por parte do Criador: "*Façamos o homem à nossa imagem e semelhança*". Nenhuma outra criatura recebeu este diferencial: **à semelhança de Deus.** O verbo "**haja**", impessoal dos atos criativos anteriores, é substituído pelo "**façamos**", pessoal[142]. Somente na criação da humanidade é anunciada com antecedência a intenção divina. A fórmula "**e assim foi**" é substituída por uma benção que situa o ser humano mais próximo de Deus do que o restante da criação. Deus escolhe a espécie humana para relacionar-se,[143] ao entregar a administração de toda obra da Criação ao homem, tornando-o cocriador.

A expressão "imagem de Deus" é usada unicamente com referência aos seres humanos, separando-os das demais criaturas. Enquanto estas são criadas "segundo suas espécies", a humanidade é feita à "imagem de Deus".

No antigo Oriente, o povo cultuava imagens como representação de divindades, porque acreditava-se que o Espírito de determinado deus vivia na estátua, de forma que a estátua funcionava como um substituto do deus onde quer que fosse colocada. Considerava-se, ainda, que o rei era igualmente representante de algum deus, com poderes divinos para governar em nome da respectiva divindade[144].

Dessa forma, o narrador, ao atribuir ao homem a expressão "imagem de Deus", está transmitindo a ideia de que a espécie humana é a representação de Deus perante todas as demais criaturas. Por isso, ao homem foi comissionada a tarefa de administrador de toda a Criação.

Leon Denis, em O Grande Enigma, defende que "Deus, Espírito universal, manifesta-se na natureza, e o homem é, sobre a Terra, a mais alta expressão dessa natureza."[145]

Conclui Denis que "estamos unidos a Deus na relação estreita que liga a causa ao efeito, e somos tão necessários à sua existência quanto Ele é necessário à nossa". [146]

Analisando o tema de Gn 1, 26, Hart continua pontuando que o homem é designado rei sobre a criação, responsável diante de Deus, o Rei último, e como tal esperava-se que administrasse e desenvolvesse e cuidasse da criação, tarefa que inclui obra física real.[147]

O termo "imagem de Deus" tem, ainda, o propósito de acentuar que a espécie humana é uma representação fiel e adequada de Deus. Ou seja, o ser humano foi dotado de atributos divinos. É por isso que Jesus, citando Salmos 82, 6, vai dizer em João 10, 34: "sois deuses".

Na resposta à pergunta 302 do livro O Consolador, Emmanuel esclarece que a expressão "sois deuses" revela que em todo homem repousa a partícula da divindade do Criador, com a qual pode a criatura terrestre participar dos poderes sagrados da Criação.[148]

No entanto, para destacar a distância e a diferença entre Deus e o homem, o narrador acrescentou o termo "semelhança". O ser humano é um reflexo de Deus, dotado de potencialidades para refletir o Criador, tal como Jesus O refletiu. E foi por isso que Ele desceu das estrelas e veio até nós, nos ensinando a cumprir o destino para o qual fomos criados: refletir o Criador.

Waltke, estudando o assunto, salienta que "semelhança" define e limita o sentido de imagem, esclarecendo:

> Deus é um espírito que transcende o tempo e o espaço; os seres humanos são feitos de ma-

téria, que está limitada ao tempo e ao espaço. Deus é Celeste; os seres humanos são da terra. Deus é eterno; os seres humanos são mortais. Deus é todo poderoso; em comparação com Deus, os seres humanos são impotentes. Mas, apesar disso tudo, somos uma representação fiel e adequada o bastante para manter um relacionamento com Deus.[149]

Dominar sobre os animais

Os seres humanos foram criados à imagem e à semelhança de Deus para "**que eles dominem sobre** os peixes do mar, sobre as aves do céu, e sobre os animais domésticos e selvagens e sobre os animais que se arrastam pelo chão".

No texto original em hebraico, o verbo empregado é *veyirdu*, sendo traduzido pelo verbo dominar, cujo significado é "ter supremacia em dirigir e governar as ações de outrem pela imposição da obediência"[150].

O sentido literal do texto induz a compreensão de que o verbo dominar atribui ao ser humano a responsabilidade sobre toda a natureza, no sentido de cuidado e preservação; jamais no sentido de exploração e destruição.

No entanto, a Torá guarda conteúdos transcendentais que permite várias possibilidades de interpretação. Assim, compreende-se que o texto quer dizer mais do que apenas expressar a responsabilidade do homem diante da natureza.

Nesse sentido, o Targum[151] Onkelos, o mais expressivo entre os Targuns, a respeito do verbo *"veyirdu"* traz interessante comentário:

> *The biblical veyirdu can mean "dominion" or "subservience". If a person is meritorious, he will have dominion over the beasts and animals; if he is not he becomes subservient to them, and the beasts will rule over him (Rashi, based on Genesis Rabbah).*[152]

A tradução livre aponta que o Targum confere ao verbo dominar – *veyirdu* – sentido de domínio ou subserviência, imprimindo ao versículo conotação mística. Ainda, segundo a tradução livre, se a pessoa for meritória, se ela possuir algum merecimento, ela terá domínio sobre as feras e os animais; se ela não é merecedora, se não possui mérito algum, será subserviente a eles, e as feras dominarão sobre ela.

O entendimento expressado no Targum é de imensurável valor,

sobretudo porque, segundo a tradição judaica, o conteúdo do Targum Onkelos foi originalmente transmitido por Deus a Moisés no Monte Sinai. No entanto, mais tarde foi esquecido pelas massas e gravado novamente por Onkelos.[153]

De acordo com o Targum Onkelos o sentido do verbo *veyirdu* faz referência à dimensões do psiquismo humano. Ao descrever que o homem deve dominar os animais, o narrador de Gênesis não estava se referindo à realidade exterior. O texto veste visível ideia enigmática ao afirmar que somente o ser meritório é capaz de dominar os animais; aqueles que não possuem méritos são dominados. E mérito é resultado de esforço.

É evidente que o sentido espiritual da palavra "animais", cujo domínio o homem deve exercer, não se trata de animais propriamente considerados, mas representações de energias anímicas. Essa ideia vem sendo construída durante toda a narrativa desde o primeiro versículo. De forma progressiva, o autor narra a criação dos reinos da natureza até culminar no coroamento da obra Divina, com a criação da espécie humana. O ser humano é o resultado de todos os seres que lhe antecederam, trazendo, por isso, no psiquismo, todas essas energias. É a essas energias que o Targum Onkelos está se referindo.

O Espiritismo é coerente com o texto bíblico e com o Targum, ao esclarecer que o princípio inteligente é criado simples e ignorante, mas com potencialidades evolutivas para atingir a perfeição. Estagiando por bilhões de anos nos mais diversos reinos da natureza, o princípio inteligente adquire complexidade de forma, conquista a razão e se torna Espírito[154].

Adentrando a fase hominal, o Espírito prossegue em sua jornada evolutiva na forma humana, tessitura que construiu ao longo das experiências pregressas, nas faixas inferiores da natureza. No entanto, traz na consciência as energias psíquicas dos reinos inferiores, cabendo-lhe o desafio de exercer domínio sobre essas forças.

Allan Kardec, na resposta à questão 586 do Livro dos Espíritos[155], que trata dos três reinos da natureza, comenta:

O homem, **tendo tudo o que há nas plantas e nos animai**s, domina todas as outras classes por uma inteligência especial, sem limites fixados, que lhe dá a consciência de seu futuro, a percepção das coisas extramateriais e o conhecimento de Deus.

O Espírito Calderaro[156], no livro No Mundo Maior[157], a respeito da evolução, esclarece que o princípio inteligente, por meio da evolução nos diversos reinos, adquire complexidade estrutural e a experiência evolutiva permanece arquivada no cérebro:

> Por mais esforços que envidemos por simplificar a exposição deste delicado tema, o retrospecto que a respeito fazemos sempre causa perplexidade.
>
> Quero dizer, André, que o princípio espiritual, desde o obscuro momento da criação, caminha sem detença para frente. Afastou-se do leito oceânico, atingiu a superfície das águas protetoras, moveu-se em direção à lama das margens, debateu-se no charco, chegou à terra firme, experimentou na floresta copioso material de formas representativas, ergueu-se do solo, contemplou os céus e, depois de longos milênios, durante os quais aprendeu a procriar, alimentar-se, escolher, lembrar e sentir, conquistou a inteligência.
>
> Viajou do simples impulso para a irritabilidade, da irritabilidade para a sensação, da sensação para o instinto, do instinto para a razão. Nessa penosa romagem, inúmeros milênios decorreram sobre nós.
>
> Estamos, em todas as épocas, abandonando

esferas inferiores, a fim de escalar as superiores. O cérebro é o órgão sagrado de manifestação da mente, em trânsito da animalidade primitiva para a espiritualidade humana.

Na escalada evolutiva, o princípio inteligente adquire o reflexo, depois o instinto e, em seguida, a razão, conforme imagem delineada pelo Espírito Calderaro: atração no mineral, sensação no vegetal, instinto no animal e razão no homem[158].

Pode-se afirmar, por isso, que o psiquismo do homem atual registra maior tempo de caminhada na animalidade do que nas faixas da humanidade[159], de sorte que essas energias, essas forças psíquicas podem aflorar, acionadas por gatilhos emocionais que as evocam.

Nesse aspecto, o verbo *dominar,* sob o lume da evolução da consciência, evidencia-se como verdadeiro desafio ao Espírito em evolução. Jesus, modelo e guia da humanidade[160], sensível à dificuldade da alma humana em vencer os resquícios de animalidade ainda presentes no psiquismo, recomendou-nos orar e vigiar[161] a fim de educarmos (dominar) esses impulsos, canalizando-os para a construção do bem em nós.

O cérebro triúno

A instigante temática prossegue sendo analisada sob o prisma da teoria do cérebro triúno, desenvolvida no ano de 1970, pelo neurocientista Paul MacLean[162], e apresentada, em 1990, no livro *The Triune Brain in Evolution: Role in Paleocerebral Functions*, de sua autoria.

O modelo de MacLean se baseou em pesquisas com diferentes espécies animais, bem como com o homem, levando-o a conceber a tese de que o cérebro humano é formado por três estruturas distintas, à semelhança de computadores biológicos interligados. Cada estrutura corresponde a uma etapa evolutiva diferenciada, embora distintas, em termos neuroanatômicos e funcionais.

Analisando essas estruturas, MacLean denominou a estrutura primitiva de Complexo Reptiliano, com mecanismo neural básico para reprodução e autopreservação, regulação cardiovascular e respiratória, comportamento agressivo, demarcação territorial. Até nos anfíbios e répteis, é praticamente esse o encéfalo existente.

A segunda parte do encéfalo, ou o segundo cérebro, corresponde ao Sistema Límbico, responsável pela expressão de comportamentos acompanhados de emoções, como raiva, prazer, medo etc. O sistema límbico circunda o complexo reptiliano e se encontra presente em todos os mamíferos, mas o mesmo não ocorre, em sua elaboração total, com os répteis. Provavelmente o sistema límbico se desenvolveu há mais de 150 milhões de anos.

A terceira parte do encéfalo, o neocórtex, envolve as duas primeiras partes, formando camadas concêntricas. O neocórtex é responsável por diferentes funções, apresentando-se mais desenvolvido nos mamíferos mais evoluídos e acentuadamente mais elaborado no ser humano, ocupando cerca de 85% do cérebro.[163]

Irvênia Prada, estudando o modelo de Maclean, concluiu que o cérebro dos animais e do ser humano vai se organizando segundo o mesmo modelo básico. No entanto, durante o processo evolutivo, acrescentam-se novas estruturas, as quais passaram a assumir funções que já existiam, mas que se tornaram mais complexas. Esse fato é profundamente significativo, pois evidencia que, conforme o espírito evolui, passa a necessitar de um instrumento mais sofisticado que melhor atenda às suas necessidades de expressão fenomênica.[164]

Por outro lado, a teoria de MacLean encontra forte resistência no meio acadêmico. Suzana Herculano-Houzel, autora de diversos livros e artigos científicos, conhecida mundialmente por seus estudos sobre o cérebro humano, faz severa crítica ao modelo de cérebro triúno apresentado por MacLean.

Houzel, em seu livro A Vantagem Humana[165], destaca que a teoria de MacLean "é uma fantasia", porquanto as descobertas cada vez mais numerosas de fósseis de dinossauros deixaram claro que os lagartos, crocodilos e aves modernos são parentes próximos dos répteis, ao passo que os mamíferos modernos evoluíram separadamente, e muito antes, a partir de um grupo-irmão, nos princípios da vida amniótica. Portanto, os mamíferos nunca foram répteis ou aves em um passado evolutivo; o cérebro dos mamíferos é, no mínimo, tão antigo quanto o das aves e de outros répteis, ou talvez até mais antigo — ele apenas tem um histórico evolutivo diferente.

E conclui:

> Ora, se os mamíferos não descendem de seres semelhantes a répteis, não podem possuir um cérebro que fora construído com a adição de camadas por cima de um cérebro reptiliano. Comparar o cérebro dos mamíferos com o dos répteis, e pressupor que um possui novas estruturas sobrepostas às do outro, é tão absurdo quanto olhar para dois primos humanos vivos e esperar que um deles tenha nascido do outro.

Finalmente, dispara a renomada cientista que:

> Certamente os seres mais complexos en-

contrados em qualquer momento do tempo evolutivo tornaram-se cada vez mais complexos conforme a vida evoluiu; no entanto, formas muito mais simples, unicelulares, ainda dominam a biomassa da Terra, exemplos de espécies que se tornaram menores e menos complexas com o passar do tempo evolutivo[166], por exemplo, os morcegos microquirópteros e parasitas intracelulares. Evolução não significa progresso; significa apenas mudança ao longo do tempo.

O objetivo deste livro, reitera-se, está voltado para a compreensão do relato da Criação sob o ponto de vista espiritual, com as luzes que a Doutrina Espírita projeta sobre seus textos. Foge à proposta do presente livro a análise dos enunciados de Gênesis sob a ótica científica, até porque a ciência muda de posição sobre determinado tema à medida que novas descobertas avançam no tempo, fato que não ocorre com as verdades que foram reveladas por Deus ao longo dos séculos.

No entanto, ao trazermos o modelo de MacLean para o presente estudo, não poderíamos deixar de citar as críticas científicas a respeito, especialmente as atuais, para que o leitor possa pesquisar sobre o tema.

Contudo, é preciso considerar que as críticas à teoria de Paul Maclean baseiam-se em pesquisas que consideram tão somente a evolução material das espécies, sem considerar, por desconhecer completamente, que parte do processo ocorre no plano extrafísico, conforme revelação trazida pela Doutrina Espírita.

> "...por meio do nascimento e morte da forma, sofre constantes modificações nos dois planos em que se manifesta, razão pela qual variados elos da evolução fogem à pesquisa dos naturalistas, por representarem estágios da consciência fragmentária fora do campo carnal propriamente dito, nas regiões

> extrafísicas, em que essa mesma consciência incompleta prossegue elaborando o seu veículo sutil, então classificado como proto-forma humana, correspondente ao grau evolutivo em que se encontra."[167]

O ser humano é um ser tridimensional, conforme acentua Viktor Frankl[168], com suas dimensões somática, psíquica e espiritual, que se interpenetram mutuamente de forma perfeita. Assim, qualquer abordagem investigativa, do ponto de vista científico, considerando apenas a sua dimensão material, apresentará um resultado reducionista, longe de espelhar a sua realidade total.

Assim considerando, prosseguiremos com o modelo de Paul MacLean, dado que consentâneo com a Revelação Espírita.

A teoria de MacLean ganhou destaque mundialmente com a difusão que lhe imprimiu o astrofísico e biólogo Carl Sagan, em seu livro *The Dragons of Éden*, premiado com o Pulitzer em 1977.[169]

Carl Sagan, esquadrinhando a tese de MacLean, aponta a existência de evidente relação entre o cérebro triúno e a divisão do psiquismo humano em Id, Ego e Superego, conforme Sigmund Freud.

Ressalta a harmonia da tese de MacLean com a metáfora do psiquismo humano contida no diálogo platônico "Fedro". Sócrates compara a alma humana a uma carroça puxada por dois cavalos - um negro e um branco - que seguem direções diferentes, fracamente comandados pelo cocheiro. A carroça corresponderia ao chassi neural (representado pela medula espinhal); os dois cavalos, ao complexo reptiliano e ao sistema límbico; e o cocheiro, que mal controla a carroça ziguezagueante, ao neocórtex.[170]

Sagan, ainda explana, que a estrutura do Complexo Reptiliano do modelo MacLean é evidente nos comportamentos humanos que expressam agressividade, demarcação territorial, práticas ritualísticas e estabelecimento de hierarquia social.

Além disso, a quantidade de mitos e lendas sobre dragões e serpentes, enfim, sobre répteis, encontrados em todas as culturas, seriam metáforas da atuação do complexo reptiliano de nosso cérebro.[171]

A imagem de São Jorge matando o dragão, esculpida na caverna da Capadócia, parece representar o esforço do neocórtex para conter a "fera", ou seja, os impulsos ditos instintivos e animalizados retidos na estrutura primária do encéfalo.

Muito provável que a intenção do autor de Gênesis 3, 13, ao descrever que Deus colocou eterna inimizade entre o ser humano e todos os répteis, foi inteirar o homem da necessidade em empreender esforços para dominar as energias psíquicas animalizadas contidas na estrutura inferior do cérebro, ou complexo reptiliano, no modelo de Maclean.

O quadro "A tentação por uma serpente - homem e a expulsão do Éden", de Michelangelo, no teto da Capela Sistina, em Roma, também sugere a influência do complexo reptiliano, porquanto exibe uma serpente que se projeta de baixo para cima. Na organização do cérebro triúno, também o complexo reptiliano envia projeções que ascendem ao córtex cerebral.[172]

Todas essas imagens, lendas e teses científicas retratam as sábias palavras do Targum de Onkelos, traduzindo o desafio humano em domesticar as energias animalizadas que lhe sobem da camada primitiva do cérebro, a fim de canalizá-las, mediante o esforço e a vontade, em favor da edificação do homem novo, moldado no padrão do Cristo.

É esse o sentido das palavras de Calderaro, no livro No Mundo Maior, ao dizer que: "O cérebro é o órgão sagrado de manifestação da mente, em trânsito da animalidade primitiva para a espiritualidade humana."[173]

A casa mental

A Doutrina Espírita enfrenta o assunto com propriedade e lucidez no livro No Mundo Maior Maior[174], capítulo terceiro, trazendo importantes esclarecimentos, ao quais apresentam ponto comum com as informações exaradas por MacLean, no citado livro.

Esclarece o benfeitor espiritual Calderado:

> No Sistema Nervoso, temos o cérebro inicial, repositório dos movimentos instintivos e sede das atividades subconscientes; figuramo-lo por porão da nossa individualidade, onde arquivamos os menores fatos da vida; aí moram hábito e automatismo.

> Na região do córtex motor, temos o cérebro desenvolvido consubstanciando as energias motoras de que se serve a nossa mente para as manifestações imprescindíveis no atual momento evolutivo do nosso modo de ser; aí localizamos o domínio das conquistas atuais, onde residem esforço e vontade.

> Nos planos dos lobos frontais, jazem materiais de ordem sublime que conquistaremos gradualmente, no esforço de ascensão, representando a parte mais nobre de nosso organismo divino em evolução; aí demoram o ideal e a meta superior a ser alcançada.

> Distribuímos, desse modo, nos três andares, o subconsciente, o consciente e o superconsciente. Como vemos, possuímos, em nós mesmos, o passado, o presente e o futuro".

O livro No Mundo Maior foi publicado em 1947, trinta anos antes de MacLean desenvolver sua teoria do cérebro triúno. O livro espírita também descreve o encéfalo humano estruturado em três partes, cada uma delas interagindo com um dos três andares da casa mental.

A casa mental, organizada em três andares, é departamento do espírito, enquanto o cérebro (encéfalo e todo sistema nervoso central) é parte integrante do corpo físico. Todavia, o cérebro é instrumento que traduz a mente, manancial de nossos pensamentos.[175]A casa mental se estrutura de experiência em experiência, interagindo com a matéria e orientando a organização morfofuncional do cérebro.

Resumidamente, a Casa Mental, mencionada por Calderaro, está disposta, metaforicamente, em três andares:

1 - O primeiro andar representa o porão da individualidade e corresponde ao arquivo das vivências e experiências do Espírito durante sua caminhada evolutiva. Relaciona-se ao passado e, psicologicamente, ao subconsciente. É também a sede dos atos instintivos e interage com o cérebro inicial, onde moram os hábitos e o automatismo, segundo modelo de MacLean.

2 - O segundo andar diz respeito ao domínio das conquistas atuais, onde se erguem e se consolidam as qualidades nobres que o Espírito está edificando mediante esforço e vontade. Relaciona-se com o presente e corresponde ao consciente. No cérebro já desenvolvido, interage com a região do córtex motor - zona intermediária entre os lobos frontais e os nervos – consubstanciando as energias motoras de que se serve a mente para as manifestações imprescindíveis no atual momento evolutivo do modo de ser do Espírito.

3 - O terceiro andar é a casa das noções superiores, indicando as metas superiores e os ideais enobrecedores que cumpre ao Espírito atingir em sua caminhada evolutiva. Está relacionado com o futuro, com os ideais que o ser projeta para o amanhã. Psicologicamente, corresponde ao superconsciente e interage com o lobo frontal, onde jazem materiais de ordem sublime, que o ser conquista gradualmente, no esforço de ascensão, representando a parte mais nobre do organismo divino em evolução.

Embora estruturado em "três andares", o cérebro trabalha

como unidade funcional, dadas as interconexões que se acham estabelecidas entre eles.[176]

Ainda, no livro No Mundo Maior, André Luiz questiona Calderaro a respeito da melhor maneira de interpretar essas três regiões de vida cerebral, sendo-lhe respondido que:

> Nervos, zona motora e lobos frontais, no corpo carnal, traduzindo impulsividade, experiência e noções superiores da alma, constituem campos de fixação da mente encarnada ou desencarnada. A demora excessiva num desses planos, com as ações que lhe são consequentes, determina a destinação do cosmo individual.
>
> A criatura estacionária na região dos impulsos perde-se num labirinto de causas e efeitos, desperdiçando tempo e energia; quem se entrega, de modo absoluto, ao esforço maquinal, sem consulta ao passado e sem organização de bases para o futuro, mecaniza a existência, destituindo-a de luz edificante; os que se refugiam exclusivamente no templo das noções superiores sofrem o perigo da contemplação sem as obras, da meditação sem trabalho, da renúncia sem proveito.
>
> Para que nossa mente prossiga na direção do alto, é indispensável se equilibre, valendo-se das conquistas passadas para orientar os serviços presentes, e amparando-se, ao mesmo tempo, na esperança que flui, cristalina e bela, da fonte superior de idealismo elevado; por essa fonte ela pode captar do plano divino as energias restauradoras, assim construindo o futuro santificante.[177]

Calderado esclarece a necessidade do ser humano em transitar livremente e com equilíbrio pelos três andares da própria casa mental, assegurando-se de que os conteúdos das experiências do passado, a par dos ideais que se pretende alcançar, sustentem as escolhas do presente.

Essa recomendação de Calderado – trânsito equilibrado pelos três departamentos da casa mental, - está em Gênesis 1, 26, que diz ao homem "para ***dominar*** sobre os peixes do mar, sobre as aves do céu, e sobre os animais domésticos e selvagens e sobre os animais que se arrastam pelo chão". É a interpretação do Targum Onkelos: dominar para não ser dominado.

Isso é muito interessante, sobretudo porque o Targum Onkelos diz que somente o homem meritório é capaz de dominar os animais. E Jesus, em Mateus 7, 24-27, vai dizer sobre o homem prudente e o insensato, porque o primeiro edifica sua "casa" sobre a rocha, enquanto o segundo o faz sobre a areia.

Aliás, a Bíblia inteira apresenta a metáfora dos três andares referindo-se à mente. Aquele que se deixa levar pelas energias psíquicas dos andares inferiores da mente tropeça no caminho e se projeta em queda ou sono profundo.

O profeta Jonas narra, no menor livro da Bíblia, a sua trajetória de quedas que, coincidentemente, se deu quando ele desceu três andares. A sua descida se verificou em processo de fuga, porque Jonas não aceitou o projeto de Deus para ele.

Segue um trecho da parábola de Jonas, capítulo primeiro:

> [3]Porém, Jonas se levantou para fugir da presença do SENHOR para Társis. E **descendo** a Jope, achou um navio que ia para Társis; pagou, pois, a sua passagem, e **desceu** para dentro dele, para ir com eles para Társis, para longe da presença do SENHOR. [4]Mas o SENHOR mandou ao mar um grande vento, e fez-se no mar uma forte tempestade, e o navio estava a ponto de quebrar-se. [5]Então temeram os marinheiros, e clamavam cada um ao seu deus, e lançaram ao mar as cargas, que

> estavam no navio, para o aliviarem do seu peso; Jonas, porém, **desceu ao porão** do navio, e, tendo-se deitado, dormia um **profundo sono.**[178]

Interessante, ainda, a situação narrada em Atos 20, 7-9, pelo apóstolo Paulo:

> [7]No primeiro dia da semana reunimo-nos para partir o pão, e Paulo falou ao povo. Pretendendo partir no dia seguinte, continuou falando até a meia-noite. [8]Havia muitas candeias no piso superior onde estávamos reunidos. [9]Um jovem chamado Êutico, que estava sentado numa janela, adormeceu profundamente durante o longo discurso de Paulo. Vencido pelo sono, **caiu do terceiro andar.** Quando o levantaram, **estava morto**.

A figura de Nabucodonosor, rei babilônico, relatada em Daniel 4, 32-33, expressa a situação do espírito que rolou as escadas de sua casa mental, retomando a vivência de seus estágios primitivos, de sua animalidade anterior.

Confira:

> E serás tirado dentre os homens, e a tua morada será com os animais do campo; far-te-ão comer erva como os bois, e passar-se-ão sete tempos sobre ti, até que conheças que o Altíssimo domina sobre o reino dos homens, e o dá a quem quer. Na mesma hora se cumpriu a palavra sobre Nabucodonosor, e foi tirado dentre os homens, e comia erva como os bois, e o seu corpo foi molhado do orvalho do céu, até que lhe cresceu pelo, como as penas da águia, e as suas unhas como as das aves.

Muitos intérpretes do Apocalipse procuram identificar em algum personagem da história a figura da besta, cuja marca é 666.

Simbolicamente, no entanto, o número seis representa a espécie humana, porquanto fora criada no sexto dia. Considerando que os números na Bíblia não são mencionados ao acaso, mas sim em razão do conteúdo espiritual que exprimem, muito provável que a figura da besta apocalíptica, representada pelo 666, retrate o homem que se deixou dominar pelas energias psíquicas contidas no andar inferior de sua casa mental. É o homem animalizado, o ser que rolou do terceiro andar, daí porque o número seis é repetido por três vezes.

A simbologia ainda está impregnada no quadro da negação de Pedro. O apóstolo, na madrugada de uma SEXTA feira, por três vezes negou conhecer Jesus.

Por outro lado, a imagem bíblica de Daniel[179] lançado na cova dos leões é igualmente expressiva. Daniel, certamente, vivia sintonizado no terceiro andar de sua casa mental, tendo, portanto, pleno comando sobre o conteúdo dos outros dois andares. A imagem transmite a ideia do domínio do Espírito humano sobre a sua natureza primitiva.

Dominar sobre os animais, conforme Gn 1, 26, é compreender que todas as energias psíquicas da alma são de origem divina e, desta forma, devem ser bem orientadas e canalizadas para as atividades enobrecedoras da vida.

A agressividade, por exemplo, oriunda do cérebro reptiliano, é uma energia que, mal canalizada, é usada para agredir o outro, mas, se for bem conduzida, essa energia se manifesta na resiliência, na coragem para o enfrentamento de todas as dificuldades da vida.

A inveja[180], igualmente uma energia que emana do cérebro reptiliano, ou do primeiro andar da casa mental, quando mal-conduzida é empregada para destruir, mas bem conduzida projeta o ser a patamares mais elevados. Ao invés de utilizar essas energias para destruir o outro, na tentativa de destruir as qualidades que inveja, busca elevar-se ao patamar que o outro reflete. O sentimento de inveja cede espaço emocional para a admiração fraternal.

Jesus, em Mateus 13, 20-21, disse certa vez quando ensinava:

> A que é semelhante o Reino de Deus e com o que posso compará-lo? É semelhante a um fermento que uma mulher tomou e misturou em três partes da massa, até a massa toda ficar levedada.

O Mestre se referiu inúmeras vezes ao reino dos céus como representação de um estado luminoso. Nessa parábola, ao apontar a necessidade de três medidas de fermento para que a massa toda cresça e fique levedada, Jesus aponta um padrão, um modelo mental em expansão.

Com a adição de três porções de fermento, a massa fica pronta para ser assada e se transformar em pão. Pão é alimento que sacia a fome. Quando Jesus chamou para si a simbologia do pão –"Eu sou o pão da vida[181]", revelou um padrão psíquico. O pão é o símbolo do espírito que alcançou plenitude espiritual e está em perfeita conexão com Deus.

O espírito somente atinge a perfeição, no padrão do Cristo (pão da vida), quando suas virtudes estão consolidadas em sua casa mental, e, sobretudo, quando consegue manter a harmonia entre as três estruturas que a compõem.

Quando o ser desperta para a realidade de espírito imortal rumo a Deus; quando compreende que Jesus é o modelo e se deixa guiar por suas lições, estabelece-se verdadeira sintonia com as energias que vêm do terceiro andar, em forma de convites e inspirações para o bem.

O terceiro andar é a casa das noções superiores. Representa o futuro; o ser cósmico que deve ser desenvolvido porque existe em potencial na intimidade, conforme afirmou Jesus: sois deuses. No terceiro departamento da casa mental, estão os ideais nobres e as metas elevadas a serem alcançadas pelo ser em evolução. É o homem novo consolidado. É lá que estão insculpidas as leis divinas, conforme questão 621, do Livro dos Espíritos.

Quando Paulo de Tarso pronunciou a famosa frase, no final da sua vida - "não sou eu mais quem vivo, mas o Cristo que vive em mim" - estava sob as energias inspiradoras do terceiro andar de sua casa mental.

Todos os conflitos humanos, todas as enfermidades, todas as dificuldades decorrem da inércia humana em educar suas forças psíquicas, especialmente aquelas que se encontram no porão da consciência: o primeiro andar da casa mental.

O maior desafio do homem na atual encarnação é desenvolver o segundo andar da casa mental, utilizando-se das ferramentas do esforço e da vontade para vencer as tendências inferiores, os hábitos animalizados e as paixões asselvajadas, dando aos instintos, forças da alma, direção nobre, a fim de que se coloquem a serviço da própria evolução moral.

Por enquanto, do terceiro andar, recebem-se apenas inspirações e convites para a realização do bem em si. Atingida a harmonia entre as energias que fluem do primeiro e do segundo andar, o ser habilita-se a viver no padrão mental que vige no terceiro andar, conquistando, assim, a consciência cósmica, em perfeita sintonia com Deus. É a massa levedada pronta para se tornar pão que sacia a fome, porque aquele que vai ao Cristo, de modo algum, terá fome[182].

Do pó da Terra

> **⁷**Então Deus formou o homem do pó do solo, e soprou em suas narinas um sopro de vida; o homem tornou-se uma criatura viva[183].

No sexto dia da Criação, o narrador detalha a origem divina da espécie humana e o propósito para o qual fora criado.

Em Gn 2, 7, o narrador descreve os recursos empregados por Deus na criação do ser humano. Servindo-se de uma linguagem poética para manter o tom musical do poema, o autor formula a ideia de um Criador artesão que modela o homem do pó do solo e sopra-lhe nas narinas o alento de vida, animando-o.

A imagem do homem formado do pó da terra, embora aparentemente ingênua, traduz a primeira revelação divina sobre a existência de elementos sutis que atuam na união do Espírito ao corpo físico. Essa revelação denota que não basta a união do Espírito ao corpo físico, sendo imprescindível que entre ambos exista um laço, que o narrador chamou de "alento de vida".

Mas, afinal, o que é o Espírito? A pergunta foi esclarecida pelos Imortais no Livro dos Espíritos[184]:

> 76. Que definição se pode dar dos Espíritos? – Pode-se dizer que os Espíritos são os seres inteligentes da Criação. Eles povoam o universo, fora do mundo material.

> 78. Os Espíritos tiveram um princípio, ou são como Deus, de toda a eternidade?

> – Se os Espíritos não tivessem tido um princípio, seriam iguais a Deus. São sua criação e submissos à Sua vontade. Deus existe de toda a eternidade, isso é incontestável. Mas saber quando e como nos criou, não sabemos nada. Podeis dizer que não tivemos princípio, se entenderdes com isso que Deus,

sendo eterno, tem criado sem descanso. Mas quando e como cada um de nós foi criado, repito, ninguém o sabe: esse é o mistério.

81. Os Espíritos se formam espontaneamente, ou procedem uns dos outros?

– Deus os cria, como a todas as outras criaturas, por sua vontade. Mas, repito mais uma vez, sua origem é um mistério.

82. É exato dizer que os Espíritos são imateriais?

– Como podemos definir uma coisa quando não temos termos de comparação e com uma linguagem insuficiente? Pode um cego de nascença definir a luz? Imaterial não é bem a palavra, incorpóreo seria mais exato, porque deveis compreender bem que o Espírito, sendo uma criação, deve ser alguma coisa. É uma matéria puríssima, mas sem comparação ou semelhança para vós, e tão etérea que não pode ser percebida pelos vossos sentidos.

88 Os Espíritos têm uma forma determinada, limitada e constante?

– A vossos olhos, não; aos nossos, sim. O Espírito é, se quiserdes, uma chama, um clarão ou uma centelha etérea.

88ª. Essa chama ou centelha tem uma cor qualquer?

– Para vós, ela varia do escuro ao brilho do rubi, conforme seja o Espírito mais ou menos puro.

Segundo a narrativa de Gênesis, Deus criou o homem do pó da terra. Obviamente que o texto não está se referindo ao Espírito, porquanto sua natureza é espiritual e o elemento empregado na sua criação - "pó da terra" - é material, ou muito semelhante à matéria.

A mensagem que o texto procura transmitir é que o Espírito, para encarnar na Terra, deve se revestir de um envoltório sútil cuja composição, molecular e energética, é retirada dos elementos que compõe o planeta.

O assunto, porém, não é novidade. A compreensão sobre a existência de camadas fluídicas envolvendo o Espírito remonta a Antiguidade, e os judeus antigos também a concebiam, conforme se extrai das epistolas paulinas:

> E há corpos celestes e corpos terrestres, mas uma é a glória dos celestes e outra a dos terrestres. 1Coríntios 15,40.

> Semeia-se corpo natural, ressuscitará corpo espiritual. Se há corpo natural, há também corpo espiritual. 1Coríntios 15, 44.

Paulo de Tarso, o convertido de Damasco, era profundo conhecedor do pensamento rabínico, pois estudou na mais renomada escola rabínica da época, a escola de Hilel, tendo Gamaliel como "rabban"[185], conforme está em Atos 22, 3.

Assim sendo, as considerações de Paulo sobre o corpo espiritual representam o entendimento mais elevado do judaísmo à época. Conclui-se, pois, que Gênesis se refere à criação do corpo espiritual, quando descreve que o homem foi feito do pó do solo.

O corpo espiritual paulino é o mesmo que Allan Kardec nominou de perispírito. Com denominações variadas, esse envoltório sempre foi conhecido de todas as culturas antigas, desde 5000 anos a.C.:

> mano maya kosha (na Índia védica); baodhas (no Zend-Avesta, dos persas); kha ou bai (entre os sacerdotes egípcios); rouach (na Cabala); kama-rupa (Budismo); eidolon , okhema , ferouer (entre os gregos); khi (na tradição chinesa); corpo espiritual (Paulo); corpo

astral (entre os hermetistas, alquimistas, esoteristas, teosofistas); corpo sidéreo (Paracelso); aerossoma (neognósticos); corpo fluídico (Leibniz); somod (Baraduc); mediador plástico (Cudworth); metassoma (Bret); modelo organizador biológico – MOB (Hernani G. Andrade).[186]

No Livro dos Espíritos, esse envoltório foi denominado, por Allan Kardec, de perispírito, em alusão ao gérmen de um fruto que também está envolto pelo perisperma. Assim também o Espírito, propriamente dito, reveste-se de um invólucro, que, por comparação, pode-se chamar de perispírito.

Prossegue o Codificador indagando à plêiade de Espíritos sobre o assunto[187]:

93. O Espírito, propriamente dito, está a descoberto ou, como alguns o pretendem, encontra-se envolto numa substância qualquer?

- O Espírito é envolvido por uma substância vaporosa para ti, porém, ainda muito grosseira para nós; todavia, bastante vaporosa para poder elevar-se na atmosfera e transportar-se para onde ele queira.

94. De onde o Espírito retira seu envoltório semimaterial?

- Do fluido universal de cada globo. É por isso que não é idêntico em todos os mundos; passando de um mundo a outro, o Espírito muda de envoltório, como mudais de roupa.

94ª. Assim, quando os Espíritos que habitam mundos superiores vêm ao nosso meio, tomam um perispírito mais grosseiro?

- É necessário que se revistam da vossa matéria, já o dissemos.

A Revelação Espírita deixa claro que os seres humanos destinados a encarnar na Terra devem tecer seus corpos perispirituais com o material magnético comum ao planeta, conforme esclarece a narrativa bíblica – do pó da Terra-.

Em hebraico, a palavra usada no texto é ĀDĀMÂ (אֲדָמָה), e significa terra, solo, justificando-se assim o nome HÅÅDÅM (Adão), que quer dizer àquele que foi feito da terra, do solo, do pó da terra[188].

Pontua-se, no entanto, que o perispírito não é reflexo do corpo físico, porque, na realidade, é o corpo físico que o reflete[189].

Na sequência do texto, o narrador descreve que Deus, após criar o homem do pó da terra, sopra-lhe nas narinas a vitalidade.

O verbo soprar, empregado nas traduções, corresponde à palavra hebraica "nepesh[190]"e tem o sentido de respiração[191], permitindo-se concluir que "nepesh" seria o elemento divino que impulsiona a vida. Essa conclusão se extrai do livro de Jó 34, 14 e 15[192], ao evidenciar a compreensão dos hebreus a respeito do espírito quando encarnado, o qual, ao revestir-se de carne, um "hálito" divino animava-lhe o corpo carnal.

Além desse elemento que impulsiona a vida, o autor descreve que Deus soprou nas narinas do homem um sopro de vida. Esse "sopro de vida" corresponde à palavra "ruach", no texto original em hebraico. A palavra tem duplo significado, podendo representar vento ou espírito[193]. O propósito do autor foi transmitir a ideia de que Deus criou a espécie humana e nela inseriu o Espírito. Assim, o corpo, além do espírito (ruach), necessita do elemento que o anime (nepesh).

Mantendo coerência com o texto bíblico, o Livro dos Espíritos, no item II, parte introdutória, esclarece que a vitalidade que anima os corpos orgânicos é decorrente do fluido vital, sendo a morte o esgotamento desse fluido. Os corpos inorgânicos, por sua vez, carecem desse fluido, conforme considerações de Kardec, no início do capítulo 4 do mencionado livro.

O princípio vital é o princípio da vida material e orgânica, qualquer que lhe seja a origem, e que é comum a todos os seres vivos, desde as plantas até o homem. O princípio vital dá a vida a todos os seres que o absorvem e assimilam.

No Livro dos Espíritos,[194] as informações são esclarecedoras:

> 62. Qual é a causa da animalização da matéria?
>
> – Sua união com o princípio vital.
>
> 65 O princípio vital reside em algum dos corpos que conhecemos?
>
> – Tem sua fonte no fluido universal. É o que chamais fluido magnético ou fluido elétrico animalizado. Ele é o intermediário, o elo entre o Espírito e a matéria.

A harmonia entre os textos de Gênesis e os textos da Doutrina Espírita é evidente.

Em Gênesis, Deus soprou nas narinas do homem para que tivesse vida, ou seja, não bastou formar o homem do pó da terra; foi preciso animá-lo com o "sopro divino".

A Doutrina Espírita apresenta a mesma verdade. A matéria somente adquire vitalidade se for impregnada com o fluido vital, cuja fonte é o fluido cósmico universal[195]. Entre os conceitos apresentados por André Luiz, no livro Evolução em Dois Mundos, fluido cósmico corresponde à ideia de hausto do Criador, que em hebraico significa "nepesh", ou seja, respiração.

Estudemos a rota de nossa multimilenária romagem no tempo para sentirmos o calor da flama de nosso próprio espírito a palpitar imorredouro na Eternidade e, acendendo o lume da esperança, perceberemos, juntos, em exaltação de alegria, que Deus, o Pai de infinita bondade, nos traçou a divina destinação para além das estrelas.[196]

CAPÍTULO 7

O SÉTIMO DIA

[1]Assim terminou a criação do céu, e da terra, e de tudo o que há neles. [2]No sétimo dia Deus acabou de fazer todas as coisas e descansou de todo o trabalho que havia feito. [3]Então abençoou o sétimo dia e o separou como um dia sagrado, pois nesse dia ele acabou de fazer todas as coisas e descansou. [4]E foi assim que o céu e a terra foram criados[197].

A narrativa do sétimo dia anuncia a conclusão da Obra divina, sendo, por isso, abençoado por Deus. Até o sexto dia, o Criador e seus emissários, os Cristos Celestes, agiram diretamente na criação e na organização planetária. No sétimo dia, segundo a tradição rabínica, Deus entregou a Terra ao homem, para dela cuidar e fazê-la próspera.

O sétimo dia, conforme o texto, foi também consagrado ao descanso, nada se criando nesse dia.

Nota-se que o período destinado ao descanso tem a mesma duração dos outros seis dias, quando houve intensa atuação divina para a criação de todos os elementos da Criação. Esse fato revela que o descanso anunciado no último dia resguarda significado espiritual que merece ser conhecido.

Obviamente que o repouso descrito no texto não representa período de inércia atribuído a Deus. Jesus, a respeito, afirmou em João 5, 17[198] que Deus, assim como os Messias, está sempre em atividade.

No entanto, o repouso é lei divina, sendo esse o primeiro aspecto que o texto considera.

O Livro dos Espíritos[199], na terceira parte, ao tratar das Leis Morais, esclarece:

> 682. O repouso, sendo uma necessidade após o trabalho, não é também uma lei natural?
>
> – Sem dúvida. O repouso repara as forças do corpo e é também necessário para dar um pouco mais de liberdade à inteligência, para que se eleve acima da matéria.

Interessante a revelação dos Expoentes da Codificação ao considerarem o repouso como uma necessidade que faculta ao homem *elevar-se acima da matéria*. Isso significa que o repouso, como lei divina, além de permitir o reparo das forças físicas, tem um propósito espiritual que aponta para a necessidade de o homem abandonar os interesses do mundo, para se dedicar às questões do espírito.

A proposta do descanso, no sétimo dia bíblico, tem o mesmo teor anunciado no Livro dos Espíritos. No texto bíblico, Deus abençoou o dia do repouso, o sétimo dia, tornando-o sagrado. Os imortais, por sua vez, anunciaram que nesse dia o homem deve *se elevar acima da matéria*.

O período de descanso, retratado no sétimo dia da Criação, tem a mesma duração que foi dispensada a cada dia de atividade nos outros seis dias. Considerando, assim, que o tópico referente a "estrutura setenária e a lei dos ciclos", tratado no capítulo quarto, denota que a semana bíblica compreende a um período de sete mil anos, cada dia da Criação tem mil anos. Sendo assim, a semana bíblica é composta por um período de intensa atividade por seis dias - mil anos cada dia – e um período similar de mil anos, para o repouso.

Trata-se, sem dúvida, de um texto que guarda sentido espiritual, que será refletido, neste capítulo, em conexão com os conteúdos veiculados pelo quarto dia da Criação, especialmente com o tópico respeitante a ciclos.

Para os hebreus, a semana não transcorria em vão, pois o sete é o número da conclusão cíclica. É por isso que, depois de seis dias de atividade, eles consideram imprescindível destinar um dia de meditação, oração e agradecimento, para o coroamento do ciclo que se fecha, renovando-se, sob o ponto de vista psíquico e espiritual, para o período que será retomado, após o repouso. Esse período de descanso e de meditação é chamado de Sabbath.

Em relação ao Sabbath, Chevalier e Gheerbrant[200] comentam que o dia é santificado porque representa o coroamento da Criação. O vocábulo *santo* em hebraico é *qadosh*, e em grego é *hagio*, que significa *ser separado*, mas separado para um propósito sagrado. Portanto, o sétimo dia da semana foi separado da criação do mundo, para ser observado por toda a humanidade, em razão da energia espiritual que encerra.

Para os judeus é muito fácil ser engolido pelas coisas terrenas, mas a liturgia do Sabbath os mantém conscientes da meta final em suas vidas. O Sabbath os lembra constantemente de uma realidade superior.[201]

A palavra Sabbath está relacionada à palavra *shevet*, que significa morar, de modo que, no sétimo dia da Criação, Deus fez do mundo o lugar de Sua morada, segundo o pensamento judaico.

O Sabbath não é um dia dedicado ao relaxamento das forças físicas, mas um dia especial em que o homem deve refletir sobre suas relações com Deus. Um dos propósitos mais significativos no Sabbath é buscar a paz entre os homens, e entre os homens e toda a criação.[202]

A temática referente à Semana Bíblica e ao dia do descanso – Sabbath - ganha dimensão espiritual a partir do entendimento expressado pela tradição rabínica, que considera o período da semana de Gênesis como um período de sete mil anos, conforme estabelece o Talmude e conforme está descrito no Salmo 90, 4.

Assim, um dia da semana bíblica corresponde a um milênio a ser transcorrido no mundo, sendo o sétimo e último dia, o último milênio, considerado um Sabbath milenar e especial, o "**dia do Senhor**", citado várias vezes pelo profeta Isaías e em outros textos, especialmente os textos apocalípticos.

Pedro, que era judeu e discípulo do Senhor, conhecedor do pensamento dos profetas, escreveu em uma de suas cartas aos cristãos que "para Deus mil anos é como um dia", reforçando a ideia de que há um princípio bíblico de interpretação profética, consubstanciado na relação dia-milênio.

É por isso que muitos estudiosos do Apocalipse se referem à semana bíblica de sete mil anos como a semana profética, porquanto afirmam que, de Gênesis ao Apocalipse, a Bíblia reúne toda a história humana da atual geração planetária. Essa geração, denominada adâmica, porque descendente de Adão[203], sob o aspecto moral e espiritual, tem um período de tempo, fixado no calendário divino, para atingir determinado grau de aprimoramento moral. Esse tempo é de sete mil anos, correspondendo, assim, a um ciclo civilizatório planetário.

Segundo Wallace Oliveira[204], há uma correlação profética entre os dias, os anos e os milênios mencionados nas antigas escrituras judaicas, conforme previsto no Talmude, tratado Sanhedrin[205], Capítulo 11, item 97A, e no folheto Avodah Zarah, ítem 9A[206], os quais asseveram que o mundo atual somente existirá por longos 6000 anos, que são equivalentes aos 6 dias proféticos de 1000 anos literais daquela simbólica semana, contados desde o momento da Criação, conforme consta no livro de Gênesis. O início do sétimo e último milênio - ou daquele simbólico sétimo dia da semana profética - é chamado de **Acharit Hayamim**, que, em hebraico, significa sinais dos tempos, final dos tempos, consumação dos séculos, consumação deste mundo ou últimos dias.

Diz o texto do Talmude Avodah Zarah, item 9A:

> A escola de Eliyahu ensinou: Seis mil anos é a duração do mundo. Dois mil dos seis mil anos são caracterizados pelo caos; dois mil anos são caracterizados pela Torá, desde a era dos patriarcas até o final do período mishnaico; e dois mil anos são o período da vinda do Mes-

sias[207].

O instigante assunto não ficou apenas entre os sábios do Talmud. Irineu de Lião (ou Lyon), um dos mais influentes teólogos da Igreja Primitiva do século II, em sua tese Contra as Heresias, livro 5, 28, 3, ao expressar seu entendimento sobre a semana bíblica, professa que há total correspondência entre os dias empregados na criação do mundo e os milênios da sua duração total, pois "se um dia do Senhor é como mil anos, se a criação foi acabada em seis dias, está claro que a consumação das coisas acontecerá no sexto milênio".

E completa:

> Haverá depois o sétimo dia, o dia do repouso, acerca do qual Davi diz: "Este é o lugar do meu repouso e os justos entrarão aí"; este sétimo dia é o sétimo milênio, o do reino dos justos em que os justos se prepararão para a incorruptibilidade após o que será renovada a criação por meio daqueles aos quais foi reservada esta tarefa. (livro 5, 36, 3).

A Era Messiânica, estimada para o sétimo milênio, terá mil anos de duração, até que o final do ciclo civilizatório de sete mil anos se cumpra. Considerando que essa previsão foi feita pelos sábios do Talmude e pelos Pais da Igreja Primitiva, o tema, sem dúvida, reveste-se de especial importância, dado que defendido por escolas teológicas diversas e distanciadas no tempo.

Allan Kardec, quando da Codificação Espírita, questionou as vozes[208] do Consolador Prometido, fazendo constar no Livro dos Espíritos a matéria:

> 50. A espécie humana começou por um único homem?
>
> – Não; aquele a quem chamais Adão não foi nem o primeiro, nem o único que povoou a Terra", pois, na verdade, é uma figura bíblica

> que se refere a um povo do qual teria sido gerada aquela humanidade terrena, numa referência à ideia bíblica da sua criação

> 51.Podemos saber em que época viveu Adão?

> – Mais ou menos na que assinalais: por volta de 4000 anos antes de Cristo.

A espiritualidade revelou parte daquele longo período da semana profética, afirmando que a simbólica criação ocorreu há cerca de 4000 anos antes do advento do Cristo ao mundo.

Considerando, assim, o transcurso de 2020 anos após a vinda do Senhor, conclui-se facilmente que desde a imagem simbólica de Adão, já se passaram 6000 anos. Encontramo-nos vivendo, portanto, o início do último milênio, o final dos tempos, tantas vezes referido nas Escrituras Sagradas e nos textos proféticos.

Diante de todas essas informações, o "dia do Senhor", ou o sétimo milênio, representa, de fato, um **Shemitah**, que, em hebraico, significa o sétimo ano do ciclo de sete mil anos, ou um Sabbath especial e milenar correspondente ao sétimo e último milênio da Era Cristã.

Em Apocalipse 16, 17 constata-se curiosa passagem que teria relação com essa realidade:

> "E o sétimo anjo derramou a sua taça no ar, e saiu grande voz do templo do céu, do trono, dizendo: Está feito."

A expressão "**Está feito**", segundo Marco Paulo Denucci[209], indica o atingimento de um limite, a concretização de uma fase concedida por Deus para a atuação dos homens.

Emmanuel, em Coletânea do Além, registra que o relógio da evolução universal não pode estacionar em face da defecção dos homens. A hora do Cristo há de soar no momento oportuno.

O final dos tempos

Os discursos escatológicos, segundo alguns estudiosos[210], originaram-se na Caldeia, alastrando-se por todo o mundo antigo. Entre o povo de Israel, esses discursos ganharam força, porquanto os hebreus, há mais de dois mil anos, ouviam a voz dos profetas anunciando que a justiça de Deus haveria de pôr fim a toda iniquidade.

No período do exílio dos hebreus, bem como no período pós-exílio, os profetas passaram a difundir a esperança entre o povo, servindo-se de expressões como: "Eis que dias virão" (Jeremias 23, 5-7; 30,3; 31,31; 33,14); "dentro de muito pouco tempo" (Ageu 2, 6).

A crença a respeito do fim do mundo ou do final dos tempos[211] representa, para os judeus, o fim de um longo período que eles denominam de Olam Hazeh. Para eles, o Criador traçou um plano para a humanidade e prefixou os tempos nos quais cada etapa desse plano deve ser realizada até que venha o desfecho final.

Esse plano celeste, conforme sustentam, está alicerçado no providencial amor divino que, reconhecendo não poder confiar o destino do ser humano à sua inconsequência e irresponsabilidade, tem pessoalmente trabalhado no sentido de garantir que tudo ocorra como planejado, ou seja, criar condições para a redenção do ser humano[212].

Assim sendo, dentre os temas escatológicos que foram surgindo ao longo do tempo, destaca-se o tema relativo ao final dos tempos ou fim das estações, e o tema referente ao dia do Senhor.

Embora essas predições fossem aguardadas pelo povo, eles não tinham ideia clara sobre como ou quando seriam cumpridas. Esses eventos poderiam se cumprir de uma só vez, ou nos "últimos dias", "naqueles dias", ou no "Dia do Senhor".

Segundo o Novo Testamento, o fim (eschaton) foi inaugurado com a encarnação, morte e ressurreição de Jesus Cristo, o Messias. Os últimos dias já começaram (Hebreus 1, 2). Nesse sentido, o Apóstolo Paulo afirma: "Vindo, porém, a plenitude dos tempos,

Deus enviou o seu filho (Gálatas 4, 4), apontando para o início de uma nova época[213]".

Jesus também se pronunciou a respeito do "final dos tempos". Algumas vezes o fez de forma direta, outras, por meio de parábolas. Contudo, a referência mais expressiva e misteriosa a esse termo está no Sermão Profético de Jesus, também conhecido como o Sermão do Monte das Oliveiras, proferido no último ano do Seu ministério, durante o período da Páscoa judaica.

Os discípulos queriam sinais que indicariam a aproximação do fim dos tempos e da manifestação de Jesus em glória.

Ocorre que os sinais que o Mestre lhes deu por meio do Sermão Profético eram conhecidos de todos, pois os estudiosos daqueles dias os discutiam com muita propriedade.

Embora o Senhor não tenha acrescentado nada que os discípulos já não soubessem, o Sermão Profético conecta todas as antigas profecias judaicas, de Daniel ao Apocalipse.

Trazendo forte conteúdo escatológico, Jesus fez várias revelações, anunciando, inclusive, a Sua segunda vinda. Ao final, Ele concluiu que todas as coisas que havia predito deveriam acontecer apenas ao longo do tempo, no transcorrer de uma longa e simbólica estação ou ciclo[214].

> Em verdade vos digo que não passará esta geração sem que todas estas coisas aconteçam. Mateus 24, 34.

Toda menção ao fim do mundo no Antigo Testamento e no Novo Testamento está longe de anunciar o extermínio do planeta ou da humanidade.

O Sermão Profético de Jesus, as várias profecias no Antigo Testamento, bem como no Apocalipse, abordam, de fato, o advento de cataclismos. Ao contrário de qualquer definição peremptória sobre um fim à humanidade no planeta, constata-se que, após um período de turbulência, sobrevirá "um novo céu e uma nova terra" (Apocalipse 21, 1). Também se constata o surgimento de uma comunidade renovada, a Nova Jerusalém (Apocalipse 21, 10).[215]

O fim anunciado por Jesus e por todos os profetas refere-se ao final de um determinado período de tempo ou ciclo, e o início de uma nova fase ou era. No Sermão Profético, o Mestre deixa evidente o assunto, anunciando o fim de um longo período de provas e expiações e o início de uma nova era para o homem em condições de vivenciar plenamente Seus ensinamentos.

> E este evangelho do reino será pregado em todo o mundo, em testemunho a todas as nações, e então virá o fim. Mt 24, 14.

Allan Kardec, no livro A Gênese, cap. XVII, em Predições do Evangelho e Sinais Precursores, item 57 e 58, abordou o tema:

> Quando sucederão tais coisas? «Ninguém o sabe, diz Jesus, nem mesmo o Filho.» Mas, quando chegar o momento, os homens serão advertidos por meio de sinais precursores. Esses indícios, porém, não estarão nem no Sol, nem nas estrelas; mostrar-se-ão no estado social e nos fenômenos mais de ordem moral do que físicos e que, em parte, se podem deduzir das suas alusões. É indubitável que aquela mutação não poderia operar-se em vida dos apóstolos, pois, do contrário, Jesus não lhe desconheceria o momento. Aliás, semelhante transformação não era possível se desse dentro de apenas alguns anos.

> Será que, predizendo a sua segunda vinda, era o fim do mundo o que Jesus anunciava, dizendo: dizendo: "Quando o Evangelho for pregado por toda a Terra, então é que virá o fim? (Mt 24:14)". Não é racional se suponha que Deus destrua o mundo precisamente quando ele entre no caminho do progresso moral, pela prática dos ensinos evangélicos. Nada, aliás, nas palavras do Cristo, indica uma

destruição universal que, em tais condições, não se justificaria.

Devendo a prática geral do Evangelho determinar grande melhora no estado moral dos homens, ela, por isso mesmo, trará o reinado do bem e acarretará a queda do mal. É, pois, o fim do mundo velho, do mundo governado pelos preconceitos, pelo orgulho, pelo egoísmo, pelo fanatismo, pela incredulidade, pela cupidez, por todas as paixões pecaminosas, que o Cristo aludia, ao dizer: «Quando o Evangelho for pregado por toda a Terra, então é que virá o fim.» Esse fim, porém, para chegar, ocasionaria uma luta e é dessa luta que advirão os males por ele previstos.[216]

A palavra grega αιωνος, transliterada para ai-ón ou eon, significa "período", "ciclo" ou "era", e tem sido traduzida equivocadamente por "mundo". No entanto, a palavra grega para mundo é κοσμου[217], transliterada para kósmou, conforme consta, por exemplo, em João 8, 23.[218]

Essa interpretação equivocada contribuiu para o crescimento da crença na teoria do fim do mundo, propagada por algumas religiões, infelizmente.

Observa-se, ainda, a título de exemplo, que, no texto de Mateus 24, 3, no original em grego, a palavra συντελειας του αιωνος é transliterada em synteleía toú aiônos(aion), cujo significado é "fim do ciclo", "fim de uma era" e não o "fim do mundo"[219]. O mesmo ocorreu na tradução das passagens de Mateus, 13, 40, e 13, 49, que está grafado συντελεια του αιωνος, isto é, "término do ciclo", mas que foi traduzido por "consumação deste mundo" ou "dos séculos", respectivamente.

Nesse sentido, a ideia que veiculava entre o povo da Bíblia não era a de um fim do mundo, mas a noção do término de um longo período, ciclo ou era, como o fim ou a consumação de uma longa estação para a chegada de uma nova etapa[220].

O dia do Senhor

O sétimo e último dia da semana profética está profundamente conectado com o significado do "dia do Senhor", mencionado mais de 300 vezes no Antigo Testamento[221].

Assim, é imprescindível conhecer o sentido espiritual da expressão "dia do Senhor", para que o conteúdo místico do sétimo dia se revele.

A palavra Senhor, no texto original hebraico, está grafada com quatro consoantes, YHWH, o Tetragrama que representa o nome Sagrado de Deus.

Segundo o rabino cabalista Aryeh Kaplan, no sétimo dia da Criação, Deus faz da Terra o lugar de sua moradia[222]. A imagem busca transmitir a ideia de que no sétimo dia há proximidade maior entre Deus e o ser humano. O dia é, portanto, dedicado ao Senhor. É uma data sagrada e integra o calendário das sete festas religiosas dos judeus, previstas em Levítico 23.

Essas festas dividem o calendário hebraico em duas partes, uma parte histórica e outra escatológica. As celebrações da Páscoa, dos Pães Ázimos, das Primícias e de Pentecostes[223] são históricas e tiveram suas funções proféticas cumpridas. As demais celebrações, como a Festa das Trombetas, da Expiação e dos Tabernáculos, encerram os acontecimentos que se reservam para o final dos tempos ou ciclo.

As sete festas sagradas foram ordenadas por Deus ao povo de Israel por meio da mediunidade de Moisés e, como já mencionado, estão cronologicamente descritas na Torá, especificamente no livro de Levítico, capítulo 23, o terceiro livro do Pentateuco, revelando, de forma sucinta, o projeto divino para a redenção do ser humano.

Para os homens da Bíblia, Deus não trabalha sem propósitos, porquanto Sua palavra não traz registros em vão. Logo, se Deus estabeleceu essas celebrações, obviamente que Ele pretende transmitir algum ensinamento por meio delas.

As festas guardam relação com a estrutura da Menorah, o candelabro de 7 hastes, e estão representadas conforme a imagem seguinte.

As três últimas festas, Trombetas (Rosh Hashanah), Expiação (Yom Kippur) e Tabernáculos (Sukkot), celebradas no sétimo mês do calendário religioso hebraico, encerram conteúdos proféticos ainda não cumpridos e estão relacionadas diretamente com a simbologia que envolve o sétimo dia da Criação e o dia do Senhor.

A primeira das três últimas festas, o Rosh Hashanah, curiosamente também chamada de "O estrondoso despertar", é a única festa do calendário judaico que começa com a Lua Nova. Essa festa também é conhecida com os nomes de "o dia do Som do Shofar", "o dia das Memórias" e "o dia do Julgamento"[224].

Na festa de Rosh Hashanah (Trombetas), celebra-se o ano novo e o aniversário da Criação, especialmente a criação da espécie humana. O dia do ano novo judaico não é apenas uma ocasião de alegria, mas um dia dedicado à oração. É chamado "Yom Hazikaron" (Dia da Memória) - quando todas as criaturas são julgadas pelo Criador de acordo com seus méritos[225]. Para os judeus, o ano novo representa o fim de uma etapa e início de uma nova oportunidade de vida, e, por isso, é imprescindível que sejam todos submetidos a uma aferição de valores pelas Cortes Celestiais, como ocorreu no final de cada dia da Criação.

Durante esse período, as pessoas são motivadas a abandonar o passado, arrependendo-se dos erros cometidos, dispostas a recomeçar uma nova fase com o compromisso moral de não os repetir. É um tempo de se voltar para Deus.

Segundo o Talmude[226], embora Rosh Hashanah seja um dia em que toda humanidade será julgada pelos atos praticados, a justiça divina é aplicada com amor e caridade, e, por isso, Deus concede um período de transição de 10 dias para que o ser humano faça uma reflexão sobre seus erros, objetivando o arrependimento. Esse arrependimento, todavia, não representa uma proposta vaga, mas um compromisso sério que o homem assume, perante a própria consciência, de retomar o caminho correto, o caminho da observância das leis divinas, do qual havia se distanciado quando optou pelo erro[227].

O prazo de 10 dias de arrependimento, contados de Rosh Hashanah (Festa das Trombetas), termina com a Festa da Expiação, também chamada de Festa do Perdão, em hebraico, "Yom Kippur". Esse período representa uma fase de transição entre essas duas celebrações. O homem, após profunda avaliação íntima, compromete-se a se modificar interiormente, para tornar-se melhor e viver segundo as leis divinas.

O Yom Kippur, considerada a celebração mais sagrada do judaísmo, acontece no último dia do período de 10 dias de arrependimento. Esse dia é chamado de o "O Sabbath dos Sabbaths." O Yom Kippur é considerado o dia do perdão e da libertação daqueles que estavam em algum tipo de escravidão. O perdão e a libertação somente se verificam em relação àqueles que se arrependeram durante os 10 dias de transição entre Rosh Hashanah e Yom Kippur.

Essa tradição atravessou os milênios e ainda hoje é observada pela comunidade judaica com extrema seriedade e compromisso. Não há nenhuma outra nação que gaste dez dias meditando acerca da expiação e perdão dos pecados como a nação de Israel.

Todos os anos, há seis milênios, os judeus observam essa liturgia, preparando-se para o grande dia do Senhor, que se dará no último milênio da Semana Profética de sete mil anos.

Sem dúvida, "aos judeus foram confiados os oráculos de Deus", como afirma Paulo, em Romanos 3, 2.

A última festa é a Festa dos Tabernáculos ou Sukkot, também chamada de "Festa das Tendas" ou "Festa das Cabanas" (Sukkahs). Inicia-se após o Yom Kippur e dura sete dias. Resumidamente, esta festa celebra os 40 anos que o povo hebreu viveu no deserto, após serem libertados da escravidão no Egito por Moisés. Para os judeus, Deus habitou com eles no deserto, por isso a profecia contida em Sukkot revela que Deus, após o período de aflições (Rosh Hashanah) e perdão (Yom Kippur), habitará definitivamente com os homens na Terra (Sukkot).

Essas festas foram mencionadas por duas razões. A primeira, repousa na imprescindibilidade de se conhecer a cultura e os costumes do povo ao qual foram confiados "os oráculos de Deus", como condição indispensável para a compreensão do conteúdo místico das Sagradas Escrituras. A segunda razão aponta o propósito de refletir sobre o impressionante significado espiritual que essas festas encerram e a surpreendente conexão que mantêm com a Revelação Espírita, o que denota serem suas expressivas e enigmáticas linhas inspirações de um mesmo Autor.

O quadro profético do dia do Senhor, ponto determinante para a compreensão do último milênio, ou do Sabbath milenar, está conectado com a liturgia do Rosh Hashaná, Yom Kippur e Sukkot. Essas festas correspondem ao que o Espiritismo denomina de transição planetária e regeneração do mundo, conforme será abordado nos próximos tópicos.

O dia do Senhor é mencionado muitas vezes no Antigo Testamento e no Novo Testamento, inclusive por Jesus e Paulo.

Em 1 Tessalonicenses 5, 1-2, Paulo diz:

> Mas, irmãos, acerca dos tempos e das estações, não necessitais de que se vos escreva;
> Porque vós mesmos sabeis muito bem que o dia do Senhor virá como o ladrão de noite;

O apóstolo estava se referindo às predições estabelecidas no calendário profético, mas como ele era judeu e falava ao povo judeu, que conhecia as profecias a respeito dos tempos determinados, não houve necessidade de lhes esclarecer a respeito.

No entanto, Paulo relaciona o dia do Senhor como sendo um dia profético, determinado pelos "tempos e estações".

Os profetas do Antigo Testamento se referiram ao Dia do Senhor como um dia muito aguardado na tradição judaica, mas precedido por amargas dificuldades para a humanidade.

> Porque está perto o dia, sim, está perto o dia do Senhor; dia nublado; será o tempo dos gentios. Ezequiel 30:3

> Ai do dia! Porque o dia do Senhor está perto, e virá como uma assolação do Todo-Poderoso. Joel 1, 15.

> O grande dia do Senhor está perto, sim, está perto, e se apressa muito; amarga é a voz do

> dia do Senhor; clamará ali o poderoso. Sofonias 1, 14.
>
> O sol se converterá em trevas, E a lua em sangue, antes de chegar o grande e glorioso dia do Senhor. Atos 2, 20.
>
> E será que naquele dia o Senhor castigará os exércitos do alto nas alturas, e os reis da terra sobre a terra. Isaias 24, 21.

Jesus também fez referências às aflições que marcam o período que precede a vinda do Senhor, em Mateus 24, 29: ***E, logo depois da aflição daqueles dias...***

Essas dificuldades que antecedem o dia do Senhor não são de ordem material ou relacionadas ao mundo físico, mas de cunho espiritual. Correspondem a um estado de inquietude experimentado pelo ser, quando compreende que somente pelo autoconhecimento poderá elevar seus padrões psíquicos, transformando-se.[228]

O sentido espiritual da comemoração de Rosh Hashaná e Yom Kippur, na tradição judaica, é exatamente esse e representa as angústias íntimas que todo ser vivencia no processo do autoconhecimento. Afinal, a proposta contida no enigma "Decifra-me ou devoro-te"[229] é, sem dúvida, um desafio angustiante.

No relógio da eternidade, a última hora (undécima) soa para a humanidade, conforme a parábola dos trabalhadores da última hora[230]. A vinha do Senhor tem convocado trabalhadores desde sempre, mas é neste milênio, nesta atual encarnação, a grande oportunidade que todos teremos de combater o bom combate, objetivando a própria transformação moral, a fim de abandonar o milenar padrão adâmico que nos tem levado a tantas quedas, para seguirmos renovados no modelo do Cristo.

O momento atual é de extrema importância aos espíritos vinculados a este planeta, sendo esse fato advertido por Jesus inúmeras vezes.

O dia do Juízo previsto nas celebrações de Rosh Hashaná corresponde, numa visão macro, ao processo seletivo a que serão submetidos todos os habitantes da Terra, conforme Jesus revelou na Parábola do Joio e do Trigo, em Mateus 13, 36-43.

Utilizando-se de expressões metafóricas e simbólicas, afirma o Cristo que no "fim dos tempos" haverá a separação entre joio e o trigo[231].

> Deixai crescer ambos juntos até à ceifa; e, por ocasião da ceifa, direi aos ceifeiros: Colhei primeiro o joio, e atai-o em molhos para o queimar; mas, o trigo, ajuntai-o no meu celeiro.

Existe verdadeira correspondência entre "separação de joio e trigo", "final dos tempos" e o "período da colheita", sobretudo porque as três últimas festas sagradas do calendário judaico, que trazem conteúdo profético ainda não cumprido, também ocorrem no período em que a produção dos campos, pomares e vinhas é colhida[232].

Parece-nos, claramente, que o Mestre está apontando para essas três festas, reforçando o conteúdo espiritual e escatológico que seus rituais exprimem.

Na Parábola da Rede, em Mateus 13, 47-50, o teor é idêntico:

> O reino dos céus é ainda semelhante a uma rede que, lançada ao mar, recolhe peixes de toda espécie. E, quando já está cheia, os pescadores arrastam-na para a praia e, assentados, escolhem os bons para os cestos, e os ruins deitam fora. Assim será na consumação do século: Sairão os anjos e separarão os maus dentre os justos, e os lançarão na fornalha acessa; ali haverá pranto e ranger de dentes.

Ambas as parábolas veiculam parte do projeto divino para a humanidade, ou seja, a civilização planetária atingirá o final de um ciclo evolutivo. Os espíritos que não se afinarem ao padrão vibratório da Terra terão que reencarnar em planeta que melhor reflita a sua realidade interior[233]. Deus, não os querendo aniquilar, lhes permite irem para esses mundos onde, de encarnação em encarnação, eles se depuram, regeneram e voltam dignos da glória que lhes fora destinada[234].

O progresso é uma das Leis da Natureza. Todos os seres da Criação, animados e inanimados, estão submetidos a ele pela bondade de Deus, que deseja que tudo se engrandeça e prospere. Ao mesmo tempo que os seres vivos progridem moralmente, os mundos que eles habitam progridem materialmente[235]. E, assim, à medida que a Terra evolui, uma espécie de filtro passa a atuar de maneira mais efetiva, e nem todos aqueles que aqui estão terão permissão ou condição para continuar encarnando neste planeta[236].

Não há nada de surpreendente nesse movimento progressivo da humanidade. Aliás, esse processo já era conhecido por revelações espirituais nos primórdios do Espiritismo, há mais de 150 anos. Em 1868, Kardec resumiu os inúmeros avisos dos Espíritos Instrutores em capítulo especial de A Gênese, iniciandoo com as seguintes palavras: "São chegados os tempos, dizem-nos de todas as partes, marcados por Deus, em que grandes acontecimentos se vão dar para regeneração da Humanidade".[237]

E ressaltou com clareza:

> Nestes tempos, porém, não se trata de uma mudança parcial, de uma renovação limitada a certa região, ou a um povo, a uma raça. Trata-se de um movimento universal, a operar-se no sentido do progresso moral. Uma nova ordem de coisas tende a estabelecer-se, e os homens, que mais opostos lhe são, para ela trabalham a seu mau grado. A geração futura, desembaraçada das escórias do velho mundo e formada de elementos mais depurados, se achará possuída de ideias e de sentimentos muito diversos dos da geração presente, que se vai a passo de gigante. O velho mundo estará morto e apenas viverá na História [...].

O Espiritismo aborda o assunto no livro A Gênese, esclarecendo as características desses espíritos fadados ao degredo[238]:

> O que, ao contrário, distingue os Espíritos atrasados é, em primeiro lugar, a revolta contra Deus, pelo se negarem a reconhecer qualquer poder superior aos poderes humanos; a propensão instintiva para as paixões degradantes, para os sentimentos antifraternos de egoísmo, de orgulho, de inveja, de ciúme; enfim, o apego a tudo o que é material: a sensualidade, a cupidez, a avareza.

> Desses vícios é que a Terra tem de ser expurgada pelo afastamento dos que se obstinam em não emendar-se; porque são incompatíveis com o reinado da fraternidade e porque o contato com eles constituirá sempre um sofrimento para os homens de bem.

> Quando a Terra se achar livre deles, os homens caminharão sem óbices para o futuro melhor que lhes está reservado, mesmo neste mundo, por prêmio de seus esforços e de sua perseverança, enquanto esperem que uma depuração mais completa lhes abra o acesso aos mundos superiores.

Em tópico anterior, no mesmo capítulo, Kardec[239] acrescenta:

> A geração que desaparece levará consigo seus erros e prejuízos; a geração que surge, retemperada em fonte mais pura, imbuída de ideias mais sãs, imprimirá ao mundo ascensional movimento, no sentido do progresso moral que assinalará a nova fase da evolução humana.

Esses espíritos, assim que deixarem a Terra, pela desencarnação, terão interceptada qualquer possibilidade de renascer neste planeta. É sobre essa realidade a advertência de Jesus nas parábolas mencionadas. Obviamente que não serão lançados à fogueira, pois trata-se de uma metáfora, mas serão levados a encarnar em outro planeta que atenda suas necessidades de crescimento espiritual.

Emmanuel, no livro A Caminho da Luz[240], esclarece que a Terra, nos seus primórdios, também recebeu espíritos degredados de outro orbe:

> Há muitos milênios, um dos orbes da Capela, que guarda muitas afinidades com o globo terrestre, atingira a culminância de um dos seus extraordinários ciclos evolutivos.

> As lutas finais de um longo aperfeiçoamento estavam delineadas, como ora acontece convosco, relativamente às transições esperadas no século XX, neste crepúsculo de civilização.

> Alguns milhões de Espíritos rebeldes lá existiam, no caminho da evolução geral, dificultando a consolidação das penosas conquistas daqueles povos cheios de piedade e virtudes, mas uma ação de saneamento geral os alijaria daquela humanidade, que fizera jus à concórdia perpétua, para a edificação dos seus elevados trabalhos.

> As grandes comunidades espirituais, diretoras do cosmos, deliberam, então, localizar aquelas entidades, que se tornaram pertinazes no crime, aqui na Terra longínqua, onde aprenderiam a realizar, na dor e nos trabalhos penosos do seu ambiente, as grandes conquistas do coração e impulsionando, simultaneamente, o progresso dos seus irmãos inferiores.

O planeta está destinado a elevar-se na categoria dos mundos. São os mansos que **herdarão** a Terra, conforme revelou Jesus no

Sermão da Montanha[241]. Isso significa que a Terra será morada de espíritos que não sejam obstáculos ao projeto divino de elevá-la ao nível superior que lhe está reservado no concerto do Universo.

O último milênio, sétimo dia da semana profética, corresponde ao terceiro milênio da Era Cristã, a Era Messiânica[242], e o planeta será habitado apenas por seres humanos comprometidos em viver de acordo com o Evangelho de Jesus. Esse período, o último milênio, que já se iniciou, corresponde à festa de Sukkot[243], representada pela sétima haste do candelabro judeu, encerrando, assim, a profecia da Era Messiânica.

Esse dia chegará sem que ninguém perceba, assim como ocorre com a passagem dos ciclos da natureza. O dia termina e a noite vem, mas não se pode precisar o exato minuto em que o céu escureceu.

> Vigiai, pois, porque não sabeis a que hora há de vir o vosso Senhor. Mas considerai isto: se o pai de família soubesse a que vigília da noite havia de vir o ladrão, vigiaria e não deixaria minar a sua casa.
>
> Por isso, estai vós apercebidos também; porque o Filho do homem há de vir à hora em que não penseis. Mateus 24, 42-44.
>
> Virá o senhor daquele servo num dia em que o não espera, e à hora em que ele não sabe. Mateus 24, 50.

O dia do Senhor corresponde, portanto, à segunda vinda de Jesus, conforme anunciado no Sermão Profético. Não se trata, obviamente, da vinda física do Messias, mas do início da Era Messiânica no mundo, que se dará no último milênio do ciclo de sete mil anos da civilização planetária.

Nesse sentido, a profecia de Zacarias 14, 16:

> E acontecerá que, todos os que restarem de todas as nações que vieram contra Jerusalém, subirão de ano em ano para adorar o Rei,

o Senhor dos Exércitos, e para celebrarem a festa dos tabernáculos.

Assim como o sétimo dia da semana bíblica corresponde ao Sabbath, dia de introspecção e renovação espiritual, o último milênio, o Sabbath milenar, é destinado à encarnação dos espíritos comprometidos em evidenciar nas palavras, nos comportamentos e nas ações, sobretudo em relação ao próximo, a presença de Jesus na Terra.

A transição planetária e o futuro
da humanidade

De acordo com o pensamento rabínico, o mundo atual, como o conhecemos, somente existirá por longos 6000 anos, equivalentes aos 6 dias proféticos de 1000 anos literais daquela simbólica semana, contados desde o momento da Criação, conforme o livro de Gênesis.

O início do sétimo e último milênio, ou daquele simbólico sétimo dia da semana profética, denominado Shemitah[244], ou Sabbath milenar, inaugura a Era Messiânica, que deverá durar mil anos, finalizando um ciclo civilizatório.

Mas o que acontecerá depois do último milênio, do sétimo dia milenar da semana profética?

A resposta está em Eclesiastes 1, 5:

> Nasce o sol, e o sol se põe, e apressa-se e volta ao seu lugar de onde nasceu.

O fim não existe nos planos de Deus, mas um eterno recomeço. Ao atingir as culminâncias desse ciclo evolutivo, a humanidade prossegue evoluindo em outras faixas, por um período que corresponde a um outro ciclo, cuja duração não fazemos a menor ideia.

Estando o planeta vibrando energeticamente em patamar superior, obviamente que a nova etapa, o novo ciclo, após o sétimo milênio, haverá de refletir espíritos elevados, em condições de conhecer a Deus, como Jesus havia dito aos judeus durante o Sermão da Montanha (Mt 5, 8 e 12, 32).

Pode-se dizer, então, que o entendimento judaico referente ao último milênio – o sétimo dia – dia do Senhor – e Yom Kipur - seria o equivalente ao do período em que a Terra será elevada à categoria de mundo de regeneração, conforme foi revelado pelos Espíritos Codificadores à Allan Kardec, e o período de *aflições* – **Rosh Hashaná** - corresponde ao período de transição planetária, igualmente revelado pelo Espiritismo.

A transição planetária é citada na Bíblia várias vezes com expressões "aqueles dias temidos", "dias nublados", "tempos dos gentios", "dia em que o sol se converterá em trevas, e a lua em sangue". São os dias que precedem ao grande dia do Senhor, representados pela Era Messiânica.

A característica marcante da transição planetária é a mistura dos traços de duas etapas, daquela que termina e da outra que se inicia. É por essa razão que o mundo registra perversidades e maldades sem limites, e, ao mesmo tempo, assinala expressões de acentuada fraternidade em relação ao próximo, ao planeta, aos animais, como nunca antes houvera ocorrido. É a marca da transição, período em que caminham juntos joio e trigo.

A natureza, igualmente, se manifesta da mesma forma. O dia não abre passagem para a noite, sem antes passar pelo crepúsculo. As estações do ano, o ciclo lunar, as fases humanas do nascimento à decrepitude observam essa lei da natureza, onde o final de um ciclo deixa sinais evidentes do seu fim, como também seu início não se verifica de forma abrupta.

Sendo Deus o autor de tudo que existe no universo, logicamente, todos os planetas estão também submetidos à lei do progresso e, portanto, entre um ciclo planetário e outro, há o período da transição, como os dias que hoje se vivem na Terra.

No Livro A Gênese, a matéria é analisada por Allan Kardec:

> A época atual é de transição; confundem-se os elementos das duas gerações. Colocados no ponto intermédio, assistimos à partida de uma e à chegada da outra, já se assinalando cada uma, no mundo, pelos caracteres que lhes são peculiares.
>
> Têm ideias e pontos de vista opostos as duas gerações que se sucedem. Pela natureza das disposições morais, porém sobretudo das disposições intuitivas e inatas, torna-se fácil distinguir a qual das duas pertence cada indivíduo.

Os Evangelhos de Marcos 13, Mateus 24 e Lucas 21, registram o discurso escatológico de Jesus, onde os discípulos perguntaram ao Mestre como identificar os sinais do fim do mundo. Jesus, então, os esclarece apontando os sinais dos tempos, da grande transição planetária, os quais podemos perceber nitidamente nos dias atuais.

O selo da transição são os sinais evidentes e perceptíveis que registra. Jesus falou claramente desses sinais no momento da transição planetária, como também os profetas do Antigo Testamento a esses sinais fizeram referência nítida, como sendo os dias que antecedem a vinda do Senhor.

No Sermão Profético, Jesus aponta os sinais da transição planetária. Colacionamos um pequeno trecho para reflexão:

> 29 E, logo depois da aflição daqueles dias, o sol escurecerá, e a lua não dará a sua luz, e as estrelas cairão do céu, e as potências dos céus serão abaladas. 30Então, aparecerá no céu o **sinal** do Filho do Homem; e todas as tribos da terra se lamentarão e verão o Filho do Homem vindo sobre as nuvens do céu, com poder e grande glória. 31E ele enviará os seus anjos com rijo clamor de trombeta, os quais ajuntarão os seus escolhidos desde os quatro ventos, de uma à outra extremidade dos céus.

> 32 Aprendei, pois, esta parábola da figueira: quando já os seus ramos se tornam tenros e brotam folhas, sabeis que está próximo o verão. 33 Igualmente, quando virdes todas essas coisas, sabei que ele está próximo, às portas. 34 Em verdade vos digo que não passará esta geração sem que todas essas coisas aconteçam. 35 O céu e a terra passarão, mas as minhas palavras não hão de passar.

A leitura superficial do texto nos permite colher possível

fenômeno astronômico como marca da transição planetária. No entanto, é preciso considerar que Jesus costumava empregar uma linguagem metafórica e simbólica, com figuras e alegorias, em seus ensinos e revelações. Assim sendo, essa narrativa, como as demais, não pode ser interpretada literalmente.

O conhecimento desse quadro alegórico solicita do leitor uma acentuada aproximação dos textos simbólicos das Sagradas Escrituras, a fim de buscar o seu sentido. A simbologia que reveste o Sol e a Lua está nos Salmos de Davi e no Apocalipse.

O Salmo 84, 11[245] compara Deus ao Sol, porque, assim como o Sol dissipa as trevas, as verdades espirituais são reveladas por Deus aos homens, retirando-os do estado de ignorância.

Wallace de Oliveira, no livro O Sermão Profético de Jesus, sobre o assunto, comenta que emApocalipse, 21, 23, Jesus é comparado à Lua. O texto metafórico compara o Cordeiro a uma lâmpada, pois Jesus tem irradiado ao mundo a luz divina, iluminando a humanidade por meio de Sua doutrina de amor, que é verdadeira palavra de Deus aos homens.

Os estudiosos do Sermão Profético compreendem que a mensagem veiculada pelo versículo relaciona-se ao longo e obscuro período da história medieval, sobretudo durante o período da Inquisição, onde o simbólico "Sol" da verdade divina "escurecerá, e a Lua" do Cristianismo "não dará a sua luz" (Mateus 24, 29). Por isso, a humanidade, sob a influência maléfica dos falsos ensinos fornecidos pela Igreja medieval, foi perseguida, explorada e enganada, e as preciosas luzes do Evangelho de Jesus estariam eclipsadas e não chegariam até os homens, para que eles pudessem, por meio delas, transformarem-se moralmente.

Ainda Wallace de Oliveira acentua que as estrelas que caem do céu são alegorias que representam espíritos[246] virtuosos, os eleitos do Senhor, enviados de Jesus para trazer à Terra a mensagem do Consolador prometido na Última Ceia: a Terceira Revelação de Deus aos homens, o Espiritismo. E as vozes do Consolador fizeram-se ouvir no mundo inteiro, tal qual o rijo de trombetas, trazendo mensagens que lembrariam todas as coisas antigas que Jesus ensinou, mas também outros ensinamentos novos que não puderam ser ditos na época do Cristo, pois ainda não poderiam ser compreendidos (João 14, 26).

Após séculos de escuridão, a Doutrina Espírita, em 1864, chega ao mundo pelas vozes do céu para iluminar as consciências obnubiladas pela falsa doutrina disseminada pela Igreja medieval.

Em seguida, Jesus conclui dizendo que esses acontecimentos são anúncios da proximidade do fim de um era.

É durante a transição planetária, tempos que estamos vivendo atualmente na Terra, que aquela aferição de valores, retratada na imagem bíblica do dia do Juízo, será efetivada.

O livro A Gênese, descreve o período da transição planetária:

> A Terra, no dizer dos Espíritos, não terá de transformar-se por meio de um cataclismo que aniquile de súbito uma geração. A atual desaparecerá gradualmente e a nova lhe sucederá do mesmo modo, sem que haja mudança alguma na ordem natural das coisas.
>
> Tudo, pois, se processará exteriormente, como só acontecer, com a única, mas capital diferença de que uma parte dos Espíritos que encarnavam na Terra aí não mais tornarão a encarnar. Em cada criança que nascer, em vez de um Espírito atrasado e inclinado ao mal, que antes nela encarnaria, virá um Espírito mais adiantado e propenso ao bem.

Nesse sentido, Wallace de Oliveira[247], também reforça o tema:

> Jesus citou algumas parábolas a este respeito, fazendo também menção sobre a existência, naquele grandioso plano divino, de um verdadeiro processo espiritual de avaliação e seleção, bem como de separação de uma parcela da humanidade, processo este que deverá ocorrer justamente no período **final desta era e durante um longo tempo de transição.**

> Então, as muitas advertências contidas naquelas antigas escrituras se referem ao fato de que aqueles espíritos que não se enquadrassem nos requisitos morais exigidos, infelizmente não poderiam mais permanecer e sequer reencarnar neste novo mundo regenerado ou transformado. Estariam interditos os seus retornos aqui na Terra.

Os apóstolos também fizeram a mesma referência quando se utilizavam da simbologia dos montes e dos vales. Destaca-se, nesse sentido, Lucas 3,4-6:

> Voz do que clama no deserto: Preparai o caminho do Senhor, Endireitai as suas veredas;

> Todo o vale se encherá, E se abaixará todo o monte e outeiro; E o que é tortuoso se endireitará, E os caminhos escabrosos se aplanarão;

Lucas, citando o profeta Isaías, utiliza-se de uma linguagem metafórica para transmitir a mensagem de que, na nova era planetária, não haverá as dificuldades da subida, nem os desafios dos vales, que simbolizam as provas e expiações.

O Apocalipse, utilizando-se da mesma linguagem metafórica, faz referência, a partir do capítulo 20, a um novo céu e a uma nova terra. O capítulo 21, por sua vez, faz referência expressamente ao fim de toda lágrima, pranto, clamor e dor, que são características de um mundo de provas e expiações[248].

O mundo de regeneração, conforme a Revelação Espírita[249], reúne características que se assemelham ao repouso. Logicamente que não se trata de um repouso inerte, representação do ócio, mas o repouso no sentido de pausa nas tribulações e dificuldades próprias do mundo de expiação e provas. Kardec, ainda, destaca que, embora no mundo de regeneração a felicidade não há de imperar totalmente na Terra, quando comparados aos mundos de provas e expiações, os mundos de regeneração são verdadeiros "paraísos".

Assim, o repouso do sétimo dia, corresponde, sem dúvida alguma, à etapa regenerativa, destino da Terra para o milênio que já se iniciou.

Estamos vivendo o último milênio daquela semana profética de sete mil anos. A Era Messiânica será instalada na Terra, aos poucos, à medida que for sendo saneada. O período de saneamento – tribulações e angústias – é considerado período de transição planetária, porque precede a nova era.

Uma considerável soma de pesquisadores espíritas[250], apoiada nas revelações trazidas por Francisco Cândido Xavier, apontam, com relativa precisão, a data final do período de transição, e, portanto, a conclusão do processo de saneamento do mundo e o início da regeneração da Terra, ou Era Messiânica.

O cálculo leva em consideração o tempo de mil anos para cada dia da semana profética, bem como revelações apontadas no Livro dos Espíritos, na questão 54, indicando que a civilização planetária se iniciou por volta de 4000 a.C.

Transcorrido, assim, seis mil anos (4000 a.C e 2.020 d.C), correspondente ao sexto dia da semana profética, a Terra entrou há 20 anos no período do Sabbath milenar. No entanto, como nada acontece de forma abrupta, há um período de transição, com tempo certo para durar.

No livro Brasil, Coração do Mundo, Pátria do Evangelho[251], o Espírito Ismael, mensageiro do Senhor, participando de uma assembleia no Espaço, que se realizou antes de findar o período do Primeiro Reinado no Brasil, ao esclarecer aos presentes sobre os seus elevados objetivos, deixa claro a respeito da duração desse período de transição:

> — Irmãos — expôs ele —, o século atual, como sabeis, vai ser assinalado pelo advento do Consolador à face da Terra. Nestes cem anos se efetuarão os grandes movimentos preparatórios dos outros cem anos que hão de vir.

O advento do Consolador, o Espiritismo, se deu no ano de 1857. Soma-se a essa data os primeiros cem anos referidos por Ismael, quando se efetuarão os grandes movimentos preparatórios **dos outros cem anos** que virão. Acresce-se, assim, mais cem anos, o que totaliza 2057, ano aproximado em que o processo de transição planetária estará concluído. A partir do ano de 2057, o mundo viverá o seu alvorecer, com o surgimento dos primeiros sinais de renovação da humanidade.

Sobre o tema, Francisco Cândido Xavier, em programa televisivo, ano de 1971, se manifestou a respeito dessa data, ao responder uma pergunta que lhe fora formulada por um jornalista presente. O teor do programa está no livro Plantão de Respostas – Pinga Fogo II, publicado em 1995[252]:

> O que a Doutrina Espírita pode dizer a respeito do fim dos tempos, isto é, como ocorrerá a transformação do planeta de provas e expiações para regeneração?
>
> Resposta - Através da busca da espiritualização, superação das dores e construção de uma nova sociedade, a humanidade caminha para a regeneração das consciências. Emmanuel afirma que a Terra será um mundo regenerado por volta de 2057. Cabe, a cada um, longa e árdua tarefa de ascensão. Trabalho e amor ao próximo com Jesus, este é o caminho.

O Evangelho Segundo o Espiritismo[253], capítulo 3, item 19, igualmente se manifesta sobre o assunto, trazendo uma mensagem assinada por Santo Agostinho[254]:

> A Terra esteve material e moralmente num estado inferior ao em que hoje se acha, e atingirá, sob esse duplo aspecto, um grau mais elevado. Ela chegou a um dos seus períodos de transformação, em que, de mundo expiatório, tornar-se-á mundo regenerador. Os

homens, então, serão felizes na Terra, porque nela reinará a lei de Deus.

O livro A Gênese, cap. 18, item 8, tratando da matéria, reproduz o relato do espírito Arago[255]:

> Quando se vos diz que a Humanidade chegou a um período de transformação e que a Terra tem que se elevar na hierarquia dos mundos, nada de místico vejais nessas palavras; vede, ao contrário, a execução da uma das grandes leis fatais do Universo, contra as quais se quebra toda a má vontade humana.

A Terra não será destruída, mas renovada. Esta máxima foi revelada em grande parte das parábolas de Jesus, como a parábola da rede, do festim de noivas, do joio e do trigo, trabalhadores da última hora e outras.

Diante da transição planetária, a questão íntima e desafiadora que se nos apresenta é olhar para dentro e refletir a razão pela qual renascemos na Terra neste período tão significativo para o planeta e para todos nós.

Joanna de Ângelis em Vidas Vazias[256], fala aos nossos corações:

> Renasceste na Terra para contribuir em favor da Era Nova, aliás, todos que se encontram hoje no planeta estão em preparativos para a grande transição que se vem operando desde há algum tempo. No divino calendário não existe pressa, mas o ritmo das Leis de Equilíbrio para que cada acontecimento suceda no instante próprio.

O progresso intelectual realizado pela civilização até os tempos atuais, nas mais largas proporções, marca uma primeira fase no avanço geral da Humanidade; impotente, porém, para regenerá-la. Enquanto o orgulho e o egoísmo dominarem o ser humano, ele se servirá da sua inteligência e dos seus conhecimentos para satisfazer às suas paixões e aos seus interesses pessoais, razão por que os aplica para aperfeiçoar os meios de prejudicar os seus semelhantes e de os destruir[257].

Somente o progresso moral pode assegurar aos homens a felicidade na Terra, refreando as paixões más para que reinem a concórdia, a paz, a fraternidade. Esse progresso moral, que será a tônica do último milênio, eliminará as barreiras que separam os povos, destruirá todos preconceitos, ensinando os homens a se considerarem irmãos, pois todos têm por dever auxiliarem-se mutuamente e não a viver à custa uns dos outros. Será ainda o progresso moral que, secundado então pelo da inteligência, unirá os homens numa mesma crença fundada nas verdades eternas, não sujeitas a controvérsias e, em consequência, aceitáveis por todos[258].

A grande mensagem impressa no Relato da Criação revela que o mundo e a humanidade estão sob o olhar paternal de uma Consciência Cósmica que se expressa por infinito Amor. Deus é o criador de todas as coisas, as quais se aprimoram, no tempo e no espaço, em obediência à lei da evolução. Por meio dos sucessivos renascimentos e pelo esforço próprio, todas as criaturas aperfeiçoam a simplicidade da forma inicial, adquirindo complexidade estrutural à medida que avança e progride. A ignorância dos primeiros tempos está fadada a desaparecer; o ser imortal, criado à imagem e semelhança de Deus, conquista a inteligência em seu grau máximo, a sabedoria dos anjos, o amor incondicional por tudo e por todos, e, uma vez atingindo o mais elevado grau de perfeição de que é capaz, passa a refletir a Paternidade Divina.

Gravitar para Deus, eis o destino da humanidade.

Quando uma coisa está nos desígnios de Deus, ela se cumpre a despeito de tudo, ou por um meio, ou por outro.[259]

REFERÊNCIAS

ARAUJO, Brotherhood, Palmira, Três Iniciados. O Caibalion (Kybalion). Edição do Kindle.

ARAÚJO, Fábio. Trismegisto, Hermes. A Tábua de Esmeralda. Alchemia. Edição do Kindle.

BEALE, G. K. CARSON, D. A. Comentário do uso do Antigo Testamento no Novo Testamento. São Paulo: Vida Nova, 2014, p. 1089.

BENSION, Ariel. 1880-1932 O Zohar: O livro do esplendor. Tradução Rosie Mehoudar e Rita Galvão. São Paulo: Polar, 2006.

BÍBLIA - Bíblia do Peregrino. São Paulo: Paulus, 2002.

BÍBLIA – Bíblia de Jerusalém. Petrópolis: Vozes, 1968.

BÍBLIA. A Bíblia Sagrada: Antigo e Novo Testamento. Tradução de João Ferreira de Almeida. Edição revista e atualizada no Brasil. Brasília: Sociedade Bíblia do Brasil, 1969.

BLOCK, Abraham P. *The Biblical and Historical Background of Jewish Customs and Ceremonies.* KTAV Publishing House, Inc. New York, 1980

BRIGTH, John. História de Israel. Nova coleção bíblica. Edição do Kindle.

BUNIM, Irving M. A Ética do Sinai. Ensinamentos dos Sábios do Talmud. São Paulo: Sefer, 1998.

CESAREIA, Eusébio de. História Eclesiástica. Edição do Kindle.

CHAMPLIN, Russel Norman. Novo Dicionário Bíblico. São Paulo: Hagnos, 2018.

CHAMPLIN, Russel Norman. O Antigo Testamento Interpretado, versículo por versículo. São Paulo: Hagnos, 2001.

CHEVALIER, Jean. GHEERBRANT, Allan. Dicionário de Símbolos. 33ª ed. Rio de Janeiro: Jose Olympio, 2019.

CLARK, Matityahu. Etymological Dictionary of Biblical Hebrew. New York: Feldheim Publishers, 1999.

COELI. Marius. As Quatro Babilônias. Visões Profético-Apocalípticas do Mundo e sua História. São Paulo: Revista dos Tribunais, 1939.

DARWIN, Charles. A Origem das Espécies. Nostrum Editora.

Edição do Kindle.

DELANNE, Gabriel. Evolução Anímica. Editora do Conhecimento: São Paulo, 2008, 1ª ed. publicada em. Paris: J. Meyer, 1895.

DENIS, Léon. O Problema do Ser do Destino e da Dor. FEB. Edição do Kindle.

DENIS, Léon. O Grande Enigma. FEB. Edição do Kindle

DI SPIRITO, Marco Paulo Denucci. Apocalipse Segundo o Espiritismo: Uma proposta de Estudo. 2ª ed. Belho Horizonte: Vinha de Luz, 2018.

DICHI, Rabino Isaac. Shomer Shabat: Leis Referentes ao Shabat. Resumo prático baseado nos livros de Halachá. Congregação Mekor Haim. Edição do Kindle.

DICHI, Rabino. Isaac. Yessod Hateshuvá. Os fundamentos da Teshuva. O retorno ao Criador. Rabino Yoná de Girona. Edição do Kindle

DOBSON, Kent. Ensinamentos da Torá: conciliando a história judaica com a fé cristã. Tradução Maurício Bezerra Santos Silva, 1ª ed. Rio de Janeiro: Thomas Nelson Brasil, 2018.

DRANZIN, Israel. WAGNER M. Stanley. *Onkelos on the Torah. Understanding the Bible Text.* Editora *Gefen Publishing House Jerusalem*: New York, 2006.

FACHIN, Luiz. Virtude e Verdade. Graus da oficina litúrgica dos consistórios. Tomo V, Porto Alegre: Age, 2019.

FARJARO, Cláudio. O Sermão Profético. Belo Horizonte: Itapuã, 2016.

FRANCO, Divaldo Pereira. Psicologia da Gratidão. Edição do Kindle.

FRANCO, Divaldo Pereira. Vidas Vazias. LEAL. Edição do Kindle.

FRANCO, Divaldo. Amor, Imbatível Amor. Edição do Kindle.

FRANCO, Divaldo. Jesus e o Evangelho. Edição do Kindle.

FRANCISCO, Edson de Faria. Antigo Testamento Interlinear Hebraico - Português, volume 1, Pentateuco. Barueri, SP: Sociedade Bíblica do Brasil, 2012.

FRANKL, Victor E. Em busca de sentido. Um psicólogo no campo de concentração. Traduzido por Walter O. Schlupp e Carlos C Aveline. 48ª ed. Petrópolis: Vozes, 2019.

FRIGÉRI, Mário. As Sete Esferas da Terra. FEB Editora. Edição do Kindle.

GADI Azaria. SILVA. Severino Celestino. Bereshit: Deus e a Criação. 4ª ed. João Pessoa: Ideia, 2012.

HART, I. *As a Prologue to the Books of Genesis*. Tynbul 46, 1995.

HARTMANN, F. *The life and the doctrine of Philippus Theophrastus Bombast of Hohenheim*. Montana: Kessinger Publishing Company. Edição do Kindle.

HERCULANO-HOUZEL, Suzana. A vantagem humana. Companhia das Letras. Edição do Kindle.

HOUAISS, Antônio. Dicionário Houaiss da Língua Portuguesa. Rio de Janeiro, Ed. Objetiva, 2001.

JONES, Landon. O Deus de Israel. São Paulo: Hagnos, 2015.

JORNAL DA EVOLUÇÃO HUMANA, volume 126, janeiro de 2019.

KAPLAN, Aryeh. A Torá Viva. O Pentateuco e as Haftarot. Tradução: Adolpho Wasserman. 2ª ed. São Paulo: Maaynot, 2013.

KAPLAN, Aryeh. Shabat, dia de Eternidade. Tradução Esther Eva Horovitz. São Paulo: Maayanot, 1994.

KARDEC, Allan. A Gênese: Os Milagres e as Predições Segundo o Espiritismo. Tradução Carlos de BRITO, Imbassahy. São Paulo: Fundação Espírita André Luiz, 2018.

KARDEC, Allan. O Céu e o Inferno. Tradução de Evandro Noleto Bezerra. FEB - Federação Espírita Brasileira. Edição do Kindle

KARDEC, Allan. O Evangelho Segundo o Espiritismo. Tradução Evandro Noleto Bezerra. Brasília: Federação Espírita Brasileira, 2008.

KARDEC, Allan. O Livro dos Espíritos. Federação Espírita Brasileira. Edição do Kindle.

KITOV, Eliyahu. O Livro do Conhecimento Judaico. O ano Hebreu e seus dias Significativos. Tradução Gilberto Bande. São Paulo: Sefer, 2017.

MACARTHUR, John. Manual Bíblico. Traduzido por Thomas Nelson. Edição do Kindle.

MACLEAN, Paul D. *The Triune Brain in Evolution: Role in Paleocerebral Functions*. New York: Plenun Press, 1990.

MCMUTRY, Dr. Grady. As Festas Judaicas do Antigo Testamento:

Seu significado histórico, cristão e profético. Edição do Kindle

MOISÉS. Torá: O Livro Sagrado da Instrução. Unidarma. Edição do Kindle.

NOBRE, Marlene. NETO, Geraldo Lemos. O Ápice da Transição Planetária. FE Editora. Edição do Kindle, 2019.

OLIVEIRA, Kaká. Evolução em Dois Mundos - Elucidário. Edição do Kindle.

OLIVEIRA, Wallace S. O Sermão Profético de Jesus: Uma Visão Espírita do Final dos Tempos. Edição do Kindle.

PAPA, Rafael. Parábolas de Jesus à Luz da Doutrina Espírita. Editora Fergus. Edição do Kindle

PRADA, Irvênia L. S; IANDOLI Jr, Décio; LOPES, Sérgio L. S. O Cérebro Triúno a Serviço do Espírito. São Paulo: AME, 2017.

PRADA, Irvênia, A Questão Espiritual dos Animais. São Paulo: FE Editora, 2011.

RAVASI, Gianfranco. *Una Comunidad Lee Los Salmos. Colección lectura pastoral de la Biblia.* 1ª. Edição. San Pablo: Madri, 2014.

REVISTA ESPÍRITA - Jornal de estudos psicológicos. Disponível no site da Federação Espírita Brasileira. www.febnet.org.br.

RISKIN, Shlomo. Luzes da Torá, São Paulo: Sêfer, 2005.

ROGÉRIO, Sandro. As Origens da Evolução da Escatologia. 3ª Edição. São Paulo: Logos, 2016.

ROSE, Tov. *Targum Onkelos: The First Five Books of the Bible (The Targums Book 1).* Edição do Kindle.

SAGAN, Carl. Cosmos. Companhia das Letras. Edição do Kindle.

SAGAN, Carl. *The Dragons of Eden: Speculations on the Evolution of Human Intelligence. Random House Publishing Group.* Edição do Kindle.

SEISS, J. A. O evangelho nas estrelas. Edição do Kindle.

SEFARIA. Biblioteca de textos judaicos. Disponível em https://www.sefaria.org/

SHEDD, Russell. Escatologia do Novo Testamento. Vida Nova. Edição do Kindle.

SILVA, Pedro. As Maiores Civilizações da História. História Extraordinária do Mundo. Edição do Kindle.

UBALDI, Pietro. A Grande Síntese. Tradução Mário Corbioli. 5ª edição. São Paulo: Lake, 1955.

WALTKE, Bruce K. Teologia do Antigo Testamento: uma abordagem exegética, canônica, temática. Tradução Márcio Loureiro Redondo. São Paulo: Vila Nova, 2015.

WISNEFSKY, Moshe. Torá. Tradução Cláudia Malbergier. São Paulo: Centro Judaico Bait, 2017.

XAVIER, Francisco Cândido. A Caminho da Luz. FEB Editora. Edição do Kindle.

XAVIER, Francisco Cândido. Alvorada do Reino. São Paulo: Ideal, 1988.

XAVIER, Francisco Cândido. Boa Nova. Edição do Kindle.

XAVIER, Francisco Cândido. No Mundo Maior. Rio de Janeiro: FEB Editora, 1947.

XAVIER, Francisco Cândido. O Consolador. FEB - Federação Espírita Brasileira. Edição do Kindle.

XAVIER, Francisco Cândido. Parnaso de Além-Túmulo. FEB Editora. Edição do Kindle.

XAVIER, Francisco Cândido. Plantão de Respostas – Pinga Fogo II. São Paulo: Cultura Espírita União, 1995.

XAVIER, Francisco Cândido. Vieira, Waldo. Evolução em Dois Mundos. FEB Publisher. Edição do Kindle.

XAVIER. Francisco Cândido. Brasil, Coração do Mundo Pátria do Evangelho. FEB - Federação Espírita Brasileira. Edição do Kindle.

ZIMMERMANN, Zalmino. Perispírito. 2ª ed. Campinas, São Paulo: Centro Espírita Allan Kardec, 2002.

---

[1] Francisco Cândido Xavier. Parnaso de Além-Túmulo. FEB Editora. Edição do Kindle.

[2] Bunim, Irving M. A Ética do Sinai. Ensinamentos dos Sábios do Talmud, p. V da Introdução. São Paulo: Sefer, 1998.

[3] "Até agora, a humanidade da Era Cristã recebeu a grande Revelação em três aspectos essenciais: Moisés trouxe a missão da Justiça; o Evangelho, a revelação insuperável do Amor, e o Espiritismo, em sua feição de Cristianismo redivivo, traz, por sua vez, a sublime tarefa da Verdade. No centro das três revelações encontra-se Jesus Cristo, como o fundamento de toda a luz e de toda a sabedoria". Emmanuel, O Consolador, psicografia de Fran-

cisco Cândido Xavier.

[4] Xavier, Francisco Cândido. O Consolador. FEB - Federação Espírita Brasileira. Edição do Kindle.

[5] KARDEC, Allan. O Livro dos Espíritos. Federação Espírita Brasileira. Edição do Kindle.

[6] Xavier, Francisco Cândido. O Consolador. Obra citada.

[7] Gadi Azaria, Silva Severino Celestino. Bereshit: Deus e a Criação. 4ª ed. João Pessoa: Ideia, 2012, p. 24.

[8] Wisnefsky, Moshe. Torá. Tradução Cláudia Malbergier. São Paulo: Centro Judaico Bait, 2017.

[9] Riskin, Shlomo. Luzes da Torá, São Paulo: Sêfer, 2005, p. 23.

[10] Irving M. Bunim. A Ética do Sinai. Ensinamentos dos Sábios do Talmud. Obra citada.

[11] Irving M. Bunim. A Ética do Sinai. Ensinamentos dos Sábios do Talmud. Obra citrada.

[12] Compilação de escritos interpretativos realizados pelos sábios do judaísmo por mais de 10 séculos.

[13] Bunim. Irving M. A Ética do Sinai. Ensinamentos dos sábios do Talmud. Obra citada.

[14] Waltke, Bruce K. Teologia do Antigo Testamento: uma abordagem exegética, canônica, temática. Tradução Márcio Loureiro Redondo. São Paulo: Vila Nova, 2015, p. 207, 208.

[15] Bíblia Sagrada. Antigo e Novo Testamento. Tradução de João Ferreira de Almeida. Edição revista e atualizada no Brasil. Brasília: Sociedade Bíblia do Brasil, 1969. João 1.

[16] Karde, Allan. O Livro dos Espíritos. Pergunta 38: Como Deus criou o universo?

[17] Espírito, autor de vários livros ditados ao médium Francisco Cândido Xavier, com destaque à coleção "A vida no mundo espiritual", com 13 livros.

[18] Xavier, Francisco Cândido. Vieira, Waldo. Evolução em Dois Mundos. FEB Publisher. Edição do Kindle.

[19] Xavier, Francisco Cândido. Vieira, Waldo. Evolução em Dois Mundos. Obra citada.

[20] Kardec, Allan. O Livro dos Espíritos. Obra citada.

[21] Jean-Baptiste-Henri Dominique Lacordaire, Espírito, participou da Revelação Espírita, contribuindo com várias mensagens.

[22] Revista Espírita - Jornal de estudos psicológicos. Disponível no site da Federação Espírita Brasileira. www.febnet.org.br.

[23] Revista Espírita- Jornal de estudos psicológicos. Obra citada.

[24] Kardec, Allan. O Céu e o Inferno. Tradução de Evandro Noleto Bezerra. FEB - Federação Espírita Brasileira. Edição do Kindle

[25] A Bíblia Sagrada: Antigo e Novo Testamento. João 10. Obra citada.

[26] Ravasi, Gianfranco. *Una Comunidad Lee Los Salmos. Colección lectura pastoral de la Biblia.* 1ª. Edição. San Pablo: Madri, 2014.

[27] MacArthur, John. Manual Bíblico. Traduzido por Thomas Nelson. Edição do Kindle.

[28] Kardec, Allan. O Evangelho Segundo o Espiritismo. Tradução Evandro Noleto Bezerra. Brasília: Federação Espírita Brasileira, p. 40.

[29] O Livro dos Espíritos. Questão 27. Obra citada.

[30] Humberto de Campos, quando encarnado, foi autor de vários livros e membro da Academia Brasileira de Letras, em 1919. Por intermédio da mediunidade de Francisco Cândido Xavier, escreveu outros 15 livros.

[31] Xavier, Francisco Cândido. Boa Nova. Edição do Kindle.

[32] Kardec, Allan. A Gênese: Os Milagres e as Predições Segundo o Espiritismo. Tradução Carlos de Brito Imbassahy. São Paulo: Fundação Espírita André Luiz, 2018, p. 283.

[33] Xavier. Francisco Cândido. Vieira. Waldo. Evolução em Dois mundos. Obra citada.

[34] Xavier, Francisco Cândido. Vieira, Waldo. Evolução em Dois Mundos. Obra citada.

[35] No diálogo de Jesus com Nicodemos, registrado em João 3, 8, Jesus utiliza-se da palavra vento, para se referir a espírito. "O vento assopra onde quer, e ouves a sua voz, mas não sabes de onde vem, nem para onde vai; assim é todo aquele que é nascido do Espírito".

[36] Segundo Sagan, atualmente a ciência tem dado o nome a essa matéria de energia escura, uma matéria que não interage com a luz, mas cuja massa é responsável pela formação e aglomeração das galáxias e aglomerados. O restante do Universo é composto por um fluido completamente estranho: A Energia Escura, que possui a inesperada propriedade de acelerar a expansão do Universo, atuando como uma matéria "antigravitacional". A descoberta da aceleração do Universo rendeu o Nobel de Física a Riess, Perlmutter e Schmidt, em 2011. Sagan, Carl. Cosmos. Companhia das Letras. Edição do Kindle.

[37] Champlin, R.N. O Antigo Testamento Interpretado, versículo por versículo. São Paulo: Hagnos, 2001, p. 11.

[38] Espírito e autor de aproximadamente 120 livros ditados ao médium Francisco Cândido Xavier. Foi também coordenador do trabalho mediúnico do Mineiro do Século. Sua última encarnação no planeta foi na

personalidade do Padre Manuel da Costa.

[39] Xavier, Francisco Cândido. A Caminho da Luz. FEB Editora. Edição do Kindle.

[40] Cesareia, Eusébio de. História Eclesiástica. CPAD. Edição do Kindle.

[41] ver questões 121 e 133, de O Livro dos Espíritos.

[42] ver questão 122, de O Livro dos Espíritos.

[43] Kardec, Allan. O Livro dos Espíritos. Obra citada.

[44] Xavier, Francisco Cândido. Espírito André Luiz. No Mundo Maior. Rio de Janeiro: FEB Editora, 1947.

[45] Xavier, Francisco Cândido. No Mundo Maior. Obra citada.

[46] Champlin, Russel Norman. Novo Dicionário Bíblico. São Paulo: Hagnos, 2018, pag. 999.

[47] Champlin, Russel Norman. Novo Dicionário Bíblico. p. 1000. Obra citada.

[48] Beale, G. K. Carson, D. A. Comentário do uso do Antigo Testamento no Novo Testamento. São Paulo: Vida Nova, 2014, p. 1089.

[49] Beale, G. K. Carson, D. A. Obra citada, p. 1089.

[50] Franco, Divaldo. Amor, Imbatível Amor (Série Psicológica Joanna de Ângelis). Edição do Kindle.

[51] Franco, Divaldo. Psicologia da Gratidão. Obra citada.

[52] Franco, Divaldo. Psicologia da Gratidão. Obra citada.

[53] Franco, Divaldo. Jesus e o Evangelho. Edição do Kindle.

[54] Ver capítulo III, do Evangelho Segundo o Espiritismo. Há muitas moradas na casa de meu pai. Diferentes categorias de mundos habitados.

[55] Brigth, John. História de Israel. Nova coleção bíblica. Edição do Kindle.

[56] Silva, Pedro. As Maiores Civilizações da História. História Extraordinária do Mundo. Edição do Kindle.

[57] A Epopeia de Atrahasis é um poema épico da Mitologia suméria, sobre a criação e o dilúvio universal.

[58] Mitologia babilônica sobre a criação do mundo.

[59] Champlin, R. N. O Antigo Testamento Interpretado, versículo por versículo. São Paulo: Hagnos, 2001, p. 12.

[60] Xavier, Francisco Cândido. A Caminho da Luz. FEB Editora. Edição do Kindle, pag. 60.

[61] Moisés. Torá: O Livro Sagrado da Instrução. Unidarma. Edição do Kindle.

[62] Trismegisto significa três vezes grande, o grande dos grandes, três vezes poderoso.

[63] Em meados do século XX, versões mais antigas, em árabe, foram descobertas pelo historiador inglês E. J. Holmyard e pelo orientalista alemão Julius Ruska. Araújo Fábio. Trismegisto, Hermes. A Tábua de Esmeralda. Alchemia. Edição do Kindle.

[64] Araújo, Fábio. Hermes Trismegisto. A Tábua de Esmeralda. Alchemia. Edição do Kindle.

[65] Fachin, Luiz. Virtude e verdade. Graus da oficina litúrgica dos consistórios. Tomo V, Porto Alegre: Age, 2019, p. 62.

[66] Araújo, Fábio. Hermes Trismegisto. A Tábua de Esmeralda. Obra citada.

[67] Araújo, Fábio. A Tábua de Esmeralda. Obra citada.

[68] Xavier, Francisco Cândido. O Consolador. Obra citada.

[69] Hartmann, F. (Ed). *The life and the doctrine of Philippus Theophrastus Bombast of Hohenheim.* Montana: Kessinger Publishing Company, s/d. (LDP).

[70] Antigo Testamento Interlinear Hebraico=Português, volume 1, Pentateuco. Prof. Dr. Edson de Faria Francisco. Barueri, SP: Sociedade Bíblica do Brasil, 2012.

[71] Jones, Landon. O Deus de Israel. São Paulo: Hagnos, 2015, pag. 101.

[72] Champlim, Russel Norman, Novo Dicionário Bíblico. São Paulo: Hagnos, 2018, pag. 291 e 292.

[73] Champlim, Russel Norman, Novo Dicionário Bíblico. Obra citada.

[74] Champlim, Russel Norman. Novo Dicionário Bíblico. Obra citada.

[75] Dichi, R. Isaac. Yessod Hateshuvá. Os fundamentos da Teshuva. O retorno ao Criador. Rabino Yoná de Girona. Edição do Kindle.

[76] Bension, Ariel. 1880-1932 O Zohar: O livro do esplendor. Tradução Rosie Mehoudar e Rita Galvão. São Paulo: Polar, 2006, p.107.

[77] Kardec, Allan. O Livro dos Espíritos. Obra citada.

[78] Pergunta 85, de O Livro dos Espíritos: Qual dos dois é o principal na ordem das coisas: o mundo espiritual ou o mundo corporal? – O mundo espiritual, que preexiste e sobrevive a tudo.

[79] O Livro dos Espíritos. Obra citada.

[80] Frigéri, Mário. As Sete Esferas da Terra. FEB Editora. Edição do Kindle.

[81] [9]E disse Deus: Ajuntem-se as águas debaixo dos céus num lugar; e apareça a porção seca; e assim foi. [10]E chamou Deus à porção seca Terra; e ao ajuntamento das águas chamou Mares; e viu Deus que era bom.

[82] Frigéri, Mário. As Sete Esferas da Terra. Obra citada.

[83] Xavier, Francisco Cândido. A Caminho da Luz. Obra citada.

[84] Xavier, Francisco Cândido. A Caminho da Luz. Obra citada.

[85] Xavier, Francisco Cândido. Evolução em Dois Mundos. Obra citada.

[86] Xavier, Francisco Cândido. Evolução em Dois Mundos. Obra citada.

[87] Xavier, Francisco Cândido. Evolução em Dois Mundos. Obra citada.

[88] Bíblia do Peregrino. Tradução de Ivo Storniolo e José Bortolini. 3ª Edição, São Paulo: Paulus, 2011, p. 2765.

[89] Xavier, Francisco Cândido. Evolução em Dois Mundos. Obra citada.

[90] Kardec, Allan. A Gênese. Editora Virtude Livros. Edição do Kindle.

[91] Darwin, Charles. A Origem das Espécies. Nostrum Editora. Edição do Kindle.

[92] Denis, Léon. O Problema do Ser, do Destino e da Dor. FEB. Edição do Kindle.

[93] Denis, Léon. O Problema do Ser, do Destino e da Dor. Obra citada.

[94] Denis, Léon. O Problema do Ser, do Destino e da Dor. Obra citada.

[95] Champlin, Russel Norman. Novo Dicionário Bíblico. São Paulo: Hagnos, 2018, p. 1665.

[96]Jones, Landon. O Deus de Israel. São Paulo: Hagnos, 2015, p. 98.

[97] Bíblia Sagrada, Êxodo 25, 31-40.

[98]Oliveira, Wallace S. O Sermão Profético de Jesus: Uma Visão Espírita do Final dos Tempos. Edição do Kindle.

[99] Ao observar o mundo natural, os hebreus percebiam que a vida humana reflete os mesmos ciclos da natureza. Como o Sol se levanta e se põe, como o vento vai e vem, como as marés no oceano sobem e descem, assim acontece, também, com o ser humano e com as civilizações.

[100] Araujo, Brotherhood, Palmira, Três Iniciados. O Caibalion (Kybalion). Edição do Kindle.

[101] François Jean Dominique Arago. Desencarnou em Paris, em 2 de outubro de 1853. Foi um físico, astrônomo e político francês. Durante sua vida, realizou várias investigações no campo da física, destacando-se, dentre suas publicações, as descobertas da polarização cromática da luz e a polarização rotatória.

[102] Kardec, Allan. A Gênese. Editora Virtude Livros. Edição do Kindle.

[103] Kardec, Allan. O Evangelho Segundo o Espiritismo. Tradução Evandro Noleto Bezerra. Federação Espírita Brasileira. Edição do Kindle.

[104] Revista Espírita de 1868, p. 433.

[105]Coeli. Marius. As Quatro Babilônias. Visões Profético-Apocalípticas do Mundo e sua História. São Paulo: Revista dos Tribunais, 1939. p. 103.

[106] Oliveira, Wallace. O Sermão Profético de Jesus: Uma Visão Espírita do Final dos Tempos. Obra citada.

[107] Oliveira, Wallace. O Sermão Profético de Jesus. Obra citada.

[108] Ver capítulo XVIII do livro A Gênesis, Allan Kardec.

[109] A Transliteração do vocábulo grego *magoi*, provavelmente melhor traduzido como "homens sábios", segundo Gardner, Paul. Quem é Quem na Bíblia Sagrada: A História de Todas as Personagens da Bíblia. Edição do Kindle.

[110] Seiss, J. A. O evangelho nas estrelas. Conhecereis a Verdade. Livro 6. Edições Ruiós. Edição do Kindle.

[111] O termo empregado no original em hebraico é *moed*. Na transliteração, o termo aparece como *estação*, cujo significado é *tempos determinados*. Por isso, muitas traduções optaram pelo termo *tempos determinados*, e outras pelo termo *estação*.

[112] Oliveira, Wallace. O Sermão Profético de Jesus. Obra citada.

[113] O Evangelho Segundo o Espiritismo, cap. XIX, A Fé Transporta Montanhas, item 7. Obra citada.

[114] Block, Abraham P. *The Biblical and Historical Background of Jewish Customs and Ceremonies.* KTAV Publishing House, Inc. New York, 1980.

[115] F. Arago. Revista Espírita. Obra citada.

[116] Antigo Testamento Interlinear Hebraico=Português, volume 1, Pentateuco. Prof. Dr. Edson de Faria Francisco. Barueri, SP: Sociedade Bíblica do Brasil, 2012.

[117] Zimmermann, Zalmino. Perispírito. 2ª ed. Campinas, São Paulo: Centro Espírita Allan Kardec, 2002, p. 243.

[118] Ubaldi, Pietro. A Grande Síntese. Tradução Mário Corbioli. 5ª edição. São Paulo: Lake, 1955, Cap. XXIX, p. 103.

[119] Dobson, Kent. Ensinamentos da Torá: conciliando a história judaica com a fé cristã. Tradução Maurício Bezerra Santos Silva, 1a edição, Rio de Janeiro: Thomas Nelson Brasil, 2018, p. 307.

[120] Xavier, Francisco Cândido. A Caminho da Luz. Obra citada.

[121] Xavier, Francisco Cândido. A Caminho da Luz. Obra citada.

[122] Xavier, Francisco Cândido. A Caminho da Luz. Obra citada.

[123] Oliveira, Kaká. Evolução em Dois Mundos - Elucidário. Edição do Kindle.

[124] Kardec, Allan. O Livro dos Espíritos. Obra citada.

[125] Kardec, Allan. O Livro dos Espíritos. Obra citada.

[126] O Livro dos Espíritos, pergunta 609. Obra citada.

[127] Jornal da Evolução Humana, volume 126, janeiro de 2019, páginas 112, 123.

[128] O Livro dos Espíritos, questão 607a. Obra citada.

[129] Xavier, Francisco Cândido. Alvorada do Reino. São Paulo: Ideal, 1988.

[130] François-Marie Gabriel Delanne (Paris, França, 23 de março de 1857 - 15 de fevereiro de 1926), foi um engenheiro francês e um dos primeiros pesquisadores espíritas notórios. Fundou a União Espírita Francesa, em 1882, e o jornal Le Spiritisme, no mesmo ano. Ao lado do filósofo Léon Denis, foi um importante divulgador das ideias espíritas nessa época. Fez conferência por toda a Europa, inclusive na abertura do I Congresso Espírita e Espiritualista, que ocorreu em 1890.

[131] Delanne, Gabriel. Evolução Anímica. Editora do Conhecimento: São Paulo, 2008, p. 47. 1ª edição publicada em Paris pela editora J. Meyer (B.P.S.), 1895.

[132] Dellane, Gabriel. Evolução Anímica. Obra citada.

[133] Dellane, Gabriel. Evolução Anímica. Obra citada.

[134] Xavier, Francisco Cândido. Evolução em Dois Mundos. Obra citada.

[135] Prada, Irvênia L.S; Iandoli Jr. Décio E Lopes, Sérgio L. S. O Cérebro Triúno. São Paulo: AME, 2017, p. 89.

[136] Kardec, Allan. O Livro dos Espíritos. Obra citada.

[137] O Livro dos Espíritos, questão 540. Obra citada.

[138] Antigo Testamento Interlinear Hebraico=Português, volume 1, Pentateuco. Prof. Dr. Edson de Faria Francisco. Barueri, SP: Sociedade Bíblica do Brasil, 2012.

[139] Sobre adorar a Deus, ver João 4, 24: "Deus é Espírito, e importa que os que o adoram o adorem em Espírito e em verdade". A verdadeira adoração a Deus exige o amor ao próximo. Ver Mateus 22, 37-39: "Amarás o Senhor teu Deus de todo o teu coração, de toda a tua alma, e de todo o teu entendimento! Amarás ao teu próximo como a ti mesmo". Ver 1João 4, 20: "Se alguém diz: Eu amo a Deus, e odeia a seu irmão, é mentiroso. Pois quem não ama a seu irmão, ao qual viu, como pode amar a Deus, a quem não viu?"

[140] Sobre adoração, como lei divina, a questão 649 do O Livro dos Espíritos: Em que consiste a adoração? – É a elevação do pensamento a Deus. Pela adoração, a alma se aproxima d'Ele.

[141] Bíblia de Jerusalém: Bíblia Sagrada. Edição do Kindle.

[142] Sobre o verbo no plural – "façamos"- ver capítulo 1, deste livro.

[143] No Livro dos Espíritos, afirmam os Instrutores da Codificação: "A espécie humana é a que Deus escolheu para a encarnação dos seres que podem conhecê-lo". Kardec, Allan. O Livro dos Espíritos. Obra citada.

[144] Hart, I. *As a Prologue to the Books of Genesis*. Tynbul 46, 1995, p. 318.

[145] Denis, Leon. O grande Enigma. FEB. Edição do Kindle.

[146] Denis, Leon. O grande Enigma. Obra citada.

[147] Hart, I. *As a Prologue to the Books of Genesis*, p. 324. Obra citada.

[148] Xavier, Francisco Cândido. O Consolador. Obra citada.

[149] Waltke, Bruce. Teologia do Antigo Testamento, p. 247. Obra citada.

[150] Houaiss, Antônio. Dicionário Houaiss da Língua Portuguesa. Rio de Janeiro, Ed. Objetiva, 2001.

[151] Nota da autora: Targum é uma palavra de origem aramaica e significa tradução e explicação. São textos traduzidos e comentados da Bíblia Hebraica para o aramaico. O Targum Onkelos, empregado na época do Segundo Templo até o início da Idade Média, era utilizado para facilitar o entendimento aos judeus que não falavam o hebraico como língua mãe, e sim o aramaico. O Targum é mais do que uma mera tradução. Inclui muito material coletado de várias fontes até o Midrash Rabbah, bem como material anterior do Talmud.

[152] Dranzin, Israel. Wagner M. Stanley. *Onkelos on the Torah. Understanding the Bible Text*. Editora *Gefen Publishing House Jerusalem*: New York, 2006.

[153] Rose, Tov. *Targum Onkelos: The First Five Books of the Bible (The Targums Book 1)*. Edição do Kindle.

[154] "O animal caminha para a condição do homem, tanto quanto o homem evolui no encalço do anjo". Emmanuel, Alvorada do Reino. Xavier, Francisco Cândido. Edição do Kindle.

[155] Kardec, Allan. O Livro dos Espíritos. Obra citada.

[156] Espírito personagem no Livro No Mundo Maior, psicografia de Francisco Cândido Xavier.

[157] Xavier, Francisco Cândido. Espírito André Luiz. Obra citada.

[158] Sobre a evolução do princípio inteligente, o Livro dos Espíritos aborda o tema em várias questões, como, por exemplo, nas questões 604, 607-A, e 540. Cita-se, ainda, alguns livros, como: O Consolador, de Francisco Cândido Xavier, questão 79; Iluminação Interior, no capítulo A Divina Presença, Divaldo Pereira Franco; Evolução em Dois Mundos, especialmente o capítulo Evolução do Cérebro, Francisco Cândido Xavier; No Mundo Maior, capitulo 4, Francisco Cândido Xavier; O problema do Ser, do Destino e da Dor, Leon Denis; Evolução Anímica, Gabriel Delane.

[159] Nota da autora: o livro Evolução em Dois Mundos revela que o princípio inteligente demanda, para atingir a fase hominal, cerca de 1,5 bilhões de anos. A atual civilização encontra-se investida na fase hominal em tempo bem menor, pois, segundo a arqueologia, o mais antigo modelo humano primitivo, o fóssil Lucy, *Australopithecus afarensis*, teria

3,2 milhões de anos. Segundo a Doutrina Espírita, as primeiras evoluções do Espírito ocorrem nos mundos primitivos, conforme o Evangelho Segundo o Espiritismo, cap. III, item 4: "Mundos primitivos, destinados às primeiras encarnações da alma humana; mundos de expiação e de provas, onde predomina o mal. A Terra pertence à categoria dos mundos de expiação e de provas, razão por que aí o homem está exposto a tantas misérias." A Terra é um mundo de provas e expiações, situando-se a um degrau acima dos mundos primitivos, restando claro, assim, que o psiquismo humano está impregnado de energias animalizadas, porquanto estagiou nos reinos precedentes por tempo expressivamente maior.

[160] Na questão 625, de O Livro dos Espíritos, Allan Kardec pergunta: "Qual é o tipo mais perfeito que Deus ofereceu ao homem para lhe servir de guia e modelo?" E os Imortais responderam:– "Jesus".

[161] "Vigiai e orai, para que não entreis em tentação; na verdade, o espírito está pronto, mas a carne é fraca". Mateus 25, 41.

[162] MacLean Paul D. T*he Triune Brain in Evolution: Role in Paleocerebral Functions*. New York: Plenun Press, 1990.

[163] Prada, Irvênia, A Questão Espiritual dos Animais, p. 37. Obra citada.

[164] Prada, Irvênia e outros. O Cérebro Triúno a Serviço do Espírito. São Paulo: AME, 2017, p. 85.

[165] Herculano-Houzel, Suzana. A vantagem humana. Companhia das Letras. Edição do Kindle.

[166] O Livro A Caminho da Luz foi ditado pelo Espírito Emmanuel no ano de 1939, portanto, 78 anos antes da publicação do livro de Houzel, trazendo revelações surpreendentes a respeito do tema: "Os tipos adequados à Terra foram consumados em todos os reinos da natureza, eliminando-se os frutos teratológicos e estranhos, do laboratório de suas perseverantes experiências. A prova da intervenção das forças espirituais, nesse vasto campo de operações, é que, enquanto o escorpião, gêmeo dos crustáceos marinhos, conserva até hoje, de modo geral, a forma primitiva, os animais monstruosos das épocas remotas, que lhe foram posteriores, desapareceram para sempre da fauna terrestre, guardando os museus do mundo as interessantes reminiscências de suas formas atormentadas". Xavier, Francisco Cândido. A Caminho da Luz. Obra citada, p. 23. Nesse sentido, constata-se que a evolução da forma material é conduzida pela espiritualidade, fator que, desconhecido pelos cientistas materialistas, impedem-lhes de ampliar e aprofundar o campo de investigação no qual se inserem.

[167] Xavier, Francisco Cândido. Evolução em Dois Mundos. Obra citada.

[168] Frankl, Victor E. em busca de sentido. Um psicólogo no campo de

concentração. Traduzido por Walter O. Schlupp e Carlos C Aveline. 48a ed. Petrópolis: Vozes, 2019.

[169] Sagan, Carl. *The Dragons of Eden: Speculations on the Evolution of Human Intelligence. Random House Publishing Group.* Edição do Kindle.

[170] Sagan, Carl. *The Dragons of Eden:* Obra citada.

[171] Prada, Irvênia e outros. O Cérebro Triúno a Serviço do Espírito, p. 46. Obra citada.

[172] Prada, Irvênia. O Cérebro Triúno. Obra citada.

[173] Xavier, Francisco Cândido. No Mundo Maior. Obra citada.

[174] Xavier, Francisco Cândido. No Mundo Maior. Obra citada

[175] Xavier, Francisco Cândido. No Mundo Maior. Obra citada.

[176] Prada, Irvênia. O Cérebro Triúno, p. 125. Obra citada.

[177] Xavier, Francisco Cândido. No Mundo Maior. Obra citada.

[178] Bíblia Sagrada. Obra citada.

[179] Bíblia Sagrada. Obra citada. Daniel 6, 16-23.

[180] Nota da autora: A imagem belíssima do Jardim de Éden traz a representação de Eva em conluio com a serpente. Foi por invejar o poder de Deus, que Eva deu ouvidos à serpente. O quadro traduz a ideia do ser humano que se permite conduzir na vida pelos impulsos que emergem do cérebro primitivo, ou reptiliano. A imagem da serpente representa as forças animalizadas arquivadas no porão da casa mental, que podem emergir quando um sentimento inferior as evoca.

[181] Bíblia Sagrada. Obra citada, João 6, 48.

[182] Bíblia Sagrada, João 6, 35.

[183] Kaplan, Aryeh. A Torá Viva. O Pentateuco e as Haftarot. Tradução: Adolpho Wasserman. 2ª ed. São Paulo: Maaynot, 2013.

[184] O Livro dos Espíritos. Obra citada.

[185] Nota da autora: Título atribuído aos sábios do judaísmo, mais elevado que "Rabi", e significa, "meu mestre". Gamaliel, o ancião, era "rabban" na escola de Hilel, a mais conceituada escola rabínica no tempo de Jesus. As escolas de Hillel e de Shammai eram consideradas as mais expressivas à época.

[186] Zimmermann, Zalmino. Perispírito. Obra citada.

[187] O Livro dos Espíritos. Obra citada.

[188] Clark, Matityahu. Etymological Dictionary of Biblical Hebrew. New York: Feldheim Publishers, 1999.

[189] Xavier, Francisco Cândido. Evolução em Dois Mundos. Obra citada.

[190] Também grafado em inglês como "nephesh" ou "nefesh".

[191] Waltke, Bruce K. Teologia do Antigo Testamento. Obra citada, p. 252.

[192] "Se ele pusesse o seu coração contra o homem, e recolhesse para si o seu espírito e o seu fôlego, toda a carne juntamente expiraria, e o homem voltaria para o pó".

[193] Waltke, Bruce K. Teologia do Antigo Testamento. Obra citada, p. 255.

[194] Kardec, Allan. O Livro dos Espíritos. Obra citada.

[195] Ver capítulo 1, deste livro, no item Elementos Gerais do Universo

[196] Nota ao leitor, por André Luiz, em 23/07/1958, no livro Evolução em Dois Mundos.

[197] Antigo Testamento Interlinear Hebraico – Português. Obra citada.

[198] "E Jesus lhes respondeu: Meu Pai trabalha até agora, e eu trabalho também".

[199] Kardec, Allan. O Livro dos Espíritos. Obra citada.

[200] Chevalier, Jean. Gheerbrant, Allan. Dicionário de Símbolos. 33ª Edição. Rio de Janeiro: Jose Olympio, 2019, p. 827.

[201] Kaplan, Aryeh, Shabat, dia de eternidade; tradução Esther Eva Horovitz. São Paulo: Maayanot, 1994.

[202] Kaplan, Aryeh. Shabat Dia de Eternidade. Obra citada.

[203] O Dilúvio não exterminou a geração adâmica, pois Noé e sua família, os únicos sobreviventes do cataclismo, eram descendentes de Adão.

[204] Oliveira, Wallace. O Sermão Profético de Jesus. Obra citada.

[205] Sinédrio - Suprema Corte dos Hebreus.

[206] Disponível em <www.sefaria.org/Sanhedrin.97b?lang=bi>.

[207] O Talmude babilônico é uma coleção de opiniões rabínicas escrita entre os séculos III e V, na Babilônia (atual Iraque) e no local que é hoje Israel.

[208] O Talmude do Sinédrio, capítulo 97A, diz que "Durante o sexto ano, vozes celestiais serão ouvidas". Muito interessante esta anotação do Talmude, especialmente porque a Revelação Espírita ocorreu no ano de 1964, justamente no sexto dia-milênio, da semana profética.

[209] Di Spirito, Marco Paulo Denucci. Apocalipse Segundo o Espiritismo: Uma proposta de Estudo. 2ª edição. Belo Horizonte: Vinha de Luz, 2018.

[210] Shedd, Russell. Escatologia do Novo Testamento. Vida Nova. Edição do Kindle.

[211] Na teologia judaica, encontra-se os seguintes termos: "consumação deste mundo" (Mt 13, 40) ou "dos séculos" (Mt 13, 49), ou ainda o "fim do mundo" (Mt 24, 3) ou dos tempos.

[212] Rogério, Sandro. As Origens da Evolução da Escatologia. 3ª Edição. São Paulo: Logos, 2016.

[213] Shedd, Russell. Escatologia do Novo Testamento. Vida Nova. Edição do Kindle

[214] Oliveira, Wallace. O Sermão Profético de Jesus. Obra citada.

[215] Di Spirito, Marcos Paulo Denucci. O Apocalipse Segundo o Espiritismo. Obra citada.

[216] Kardec. A Gênese. Obra citada.

[217] https://biblehub.com/text/john/8-23.htm

[218] Farjaro, Cláudio. O Sermão Profético. Belo Horizonte: Itapuã, 2016, p. 22.

[219] Champlim. Russel Normal. O Novo Dicionário Bíblico. Obra citada, p. 545.

[220] Oliveira, Wallace. O Sermão Profético. Obra citada.

[221] McMutry, Dr. Grady. As Festas Judaicas do Antigo Testamento: Seu significado histórico, cristão e profético. Edição do Kindle

[222] Kaplan, Aryeh. Shabat, dia de Eternidade. Obra citada.

[223] Nota: Há uma divergência entre a escola judaica e cristã, no sentido de considerar totalmente ou parcialmente consumadas as predições relacionadas à festa de Pentecoste. No entanto, como essa discussão foge ao objetivo deste livro, deixaremos de abordá-la, até mesmo porque referidas discussões não adentram o tema da Semana Profética e do relato da Criação.

[224] McMutry, Dr. Grady. As Festas Judaicas do Antigo Testamento: Seu significado histórico, cristão e profético. Edição do Kindle.

[225] Dichi, Rabino Isaac. Shomer Shabat: Leis Referentes ao Shabat. Resumo prático baseado nos livros de Halachá. Congregação Mekor Haim. Edição do Kindle.

[226] Kitov, Eliyahu. O Livro do Conhecimento Judaico. O ano Hebreu e seus dias Significativos. Tradução Gilberto Bande. São Paulo: Sefer, 2017, p. 25.

[227] Dichi, R. Isaac. Yessod Hateshuvá. Obra citada.

[228] Não se pode olvidar que as angústias decorrentes do processo do autoconhecimento são também decorrentes dos desafios da sociedade atual. "A tempestade avizinha-se nos horizontes políticos e sociais do mundo inteiro. Todas as vozes falam de um perigo iminente e todos os corações sentem algo de estranho no ar que respiram. Fala-se no coletivismo, recolhendo-se cada qual no exclusivismo feroz, e fala-se de nacionalismo e de pátria, dentro do mesmo conceito de egoísmo e de isolamento. Esses extremismos caracterizam um período de profunda decadência nos costumes sociais e políticos desta época de transições. Apesar, porém, de sua

complexidade, esse fenômeno pode ser definido como a angústia generalizada do homem, nas vésperas de abandonar a sua crisálida de cidadão. A história humana, por outro lado, avaliada à luz da lei de causa e efeito, não autoriza os melhores presságios". Nobre, Marlene. Neto, Geraldo Lemos. 2019. O Ápice da Transição Planetária. p. 130. São Paulo: FE, 2017.

[229] Frase associada à lenda da Esfinge e que representa o autoconhecimento.

[230] Mateus 20, 1-16.

[231] Mateus 13, 24-30.

[232] S. McMutry, Dr. Grady. As Festas Judaicas do Antigo Testamento: Seu significado histórico, cristão e profético. Edição do Kindle.

[233] Há muitas moradas na casa de meu Pai. João 14, 1. O exílio planetário resulta da misericórdia divina que busca acomodar seus filhos em outra morada, onde possam gastar suas energias deletérias, e, com o tempo, crescer em bondade e sabedoria rumo a Deus. Exílios planetários ocorrem com muita frequência. A narrativa da expulsão do Paraíso, em Gênesis, retrata a realidade de espíritos que foram exilados, inclusive.

[234] Kardec, Allan. O Evangelho Segundo o Espiritismo. Obra citada.

[235] Kardec, Allan. O Evangelho Segundo o Espiritismo. Obra citada.

[236] Papa, Rafael. Parábolas de Jesus à Luz da Doutrina Espírita. Editora Fergus. Edição do Kindle

[237] Nobre, Marlene. O Ápice da Transição Planetária. Obra citada.

[238] Kardec, Allan. A Gênese, cap. XXVIII, A nova geração. Obra citada.

[239] Kardec, Allan. A Gênese, cap. XXVIII, São Chegados os Tempos. Obra citada.

[240] Xavier, Francisco Cândido. A Caminho da Luz. Obra citada.

[241] Mateus 5, 5. Também em Salmos 37, 11.

[242] "E, estando assentado no monte das Oliveiras, chegaram-se a ele os seus discípulos, em particular, dizendo: Dize-nos quando serão essas coisas e que sinal **haverá da tua vinda e do fim do mundo**?". Mateus 24, 3.

[243] Para os hebreus, na festa de Sukkot, Deus vem fazer da Terra a Sua morada. Trata-se de uma metáfora que remete à Era Messiânica, onde a Terra será habitada pelos espíritos comprometidos com a própria transformação moral, com vistas a atingir o modelo Jesus.

[244] Palavra de origem hebraica que significa "libertação", "livramento" ou "remissão", representando o ano sabático relativo ao sétimo e último ano de um ciclo de sete anos, tanto para o descanso da terra, quanto para a remissão das dívidas e a libertação do trabalho, conforme prescrição contida na Torá (Lv 25:2-7, e Dt 15:1-18). O shemitah começa no Rosh Hashaná de um determinado ano e termina antes do Rosh Hashaná do ano seguinte.

O shemitah especial corresponderia, portanto, ao sétimo milênio.

[245] "Porque o Senhor Deus é um sol e escudo; o Senhor dará graça e glória; não retirará bem algum aos que andam na retidão".

[246] O apocalipse 1, 20, traduz estrelas por anjos. "O mistério das sete estrelas, que viste na minha destra, e dos sete castiçais de ouro. As sete estrelas são os anjos das sete igrejas, e os sete castiçais, que viste, são as sete igrejas."

[247] O Sermão Profético de Jesus. Obra citada.

[248] Nota: O Evangelho Segundo o Espiritismo, Capítulo 3, item 4, esclarece a respeito da classificação dos mundos, em virtude do estado em que se acham e da destinação que trazem. Assim, divide-os de modo geral, da seguinte forma: mundos primitivos, destinados às primeiras encarnações da alma humana; mundos de expiação e de provas, onde predomina o mal; mundos de regeneração, nos quais as almas que ainda têm que expiar haurem novas forças, repousando das fadigas da luta; mundos felizes, onde o bem sobrepuja o mal; mundos celestes ou divinos, morada dos Espíritos depurados, no qual reina exclusivamente o bem. A Terra pertence à categoria dos mundos de expiação e de provas, razão por que aí o homem está exposto a tantas misérias.

[249] Kardec, Allan. O Evangelho Segundo o Espiritismo, capítulo III, item 16, 17.

[250] Francisco Cândido Xavier, Marlene Nobre, Geraldo Lemos Neto, Haroldo Dutra Dias, Wallace de Oliveira, Marco Paulo Denucci di Spirito, entre outros.

[251] Xavier. Francisco Cândido. Brasil, Coração do Mundo Pátria do Evangelho. FEB - Federação Espírita Brasileira. Edição do Kindle.

[252] Xavier, Francisco Cândido. Plantão de Respostas – Pinga Fogo II. São Paulo: Cultura Espírita União, 1995, p. 37.

[253] Kardec. Allan. O Evangelho Segundo o Espiritismo. Obra citada.

[254] Santo Agostinho foi um dos integrantes da Plêiade de Espíritos encarregados de trazer ao mundo o Consolador Prometido por Jesus.

[255] François Jean Dominique Arago foi um físico, astrônomo e político francês. Ocupou o cargo de primeiro-ministro da França, de 10 de maio a 24 de junho de 1848.

[256] Franco, Divaldo P. Vidas Vazias, Leal. Edição do Kindle.

[257] Kardec, Allan. A Gênese. Obra citada.

[258] Kardec, Allan. A Gênese. Obra citada.

[259] Kardec, Allan. A Gênese, Obra citada.